Salariés, libres… et heureux ?

Pascal Lokiec

Salariés, libres… et heureux ?

La face cachée de l'autonomie au travail

Odile Jacob

3, rue Auguste-Comte, 75006 Paris

www.odilejacob.fr

ISBN : 978-2-4150-1019-5

Introduction

La mode est au free-lancing, avec des travailleurs qui exercent leur activité à leur compte, en tout lieu, à tout moment, comme ils le veulent et avec qui ils veulent. Qui ne rêverait d'être son propre patron plutôt que de travailler sous les ordres d'un chef qui impose des ordres et des directives, fixe les horaires, oblige à effectuer des heures supplémentaires ?

Une fois dépassés ces beaux discours, on comprend vite que le rêve cache une tout autre réalité. La fuite en dehors du salariat est porteuse de lourdes conséquences. Pour notre système de protection sociale, construit autour du salariat. Pour l'entreprise qui ne peut espérer le même degré d'engagement d'un indépendant qui la considérera comme un simple client que d'un salarié lié à elle par un contrat de travail. Mais aussi et surtout pour les travailleurs eux-mêmes qui renoncent à toute protection en épousant le statut de travailleur indépendant.

Même si le travail salarié reste largement dominant en France comme dans l'ensemble des pays qui nous entourent, comment se satisfaire de voir le travail indépendant devenir, contre le cours de l'histoire, l'incarnation de la modernité ?

Comment se projeter dans un monde futur où une majorité de travailleurs exerceront leur activité sans protection, où les entreprises prendront la forme de plateformes composées d'une galaxie d'indépendants qui graviteront autour d'elles sans autre attache qu'économique ? Si on ne veut pas de ce futur, il est urgent de réhabiliter le salariat dont l'assimilation au « vieux monde » par toute une partie de la jeune génération n'a rien d'irréversible.

Les recettes miracles

Oublions les recettes miracles ! On met en place des tables de ping-pong, un baby-foot, un panier de basket, des cours de yoga et de méditation, on organise des apéros, on offre des repas et des boissons *healthy*, on s'occupe de la garde des enfants, on installe des salles de sieste… Le bureau se transforme en « as at home » avec poufs, canapé, bibliothèques, plantes vertes, table à manger… Les parties communes de l'entreprise, pour les plus riches d'entre elles, évoluent pour ressembler à des palaces avec des *hospitality officers* chargés de rendre agréable le « séjour » de ceux que l'on appelle les « résidents[1] » pour éviter coûte que coûte le vocabulaire du travail. L'entreprise devient une seconde maison, les collègues de travail une seconde famille, le tout piloté par le *chief happyness officer*, spécialement recruté pour rendre les salariés heureux. Tout le monde est épanoui dans une entreprise qui peut s'afficher comme vertueuse grâce aux conditions de vie – et pas seulement de travail – qu'elle offre à ses salariés pendant leur temps de travail et parfois en dehors grâce aux cours de yoga et autres activités organisés durant la pause déjeuner ou après la journée de travail.

Sans nier l'intérêt de ce type d'approche (la mise en place de prestations et d'équipements sportifs fait d'ailleurs l'objet d'une exonération de cotisations sociales), ne soyons pas dupes de ce qui s'apparente trop souvent à de nouvelles formes de paternalisme, destinées à étendre l'emprise de l'entreprise sur la vie non plus simplement professionnelle, mais aussi personnelle du salarié. Lorsqu'on en vient à licencier des salariés parce qu'ils ne sont « pas *fun* », contrairement à la philosophie de l'entreprise, c'est que la recette est avariée !

Que dire de la fuite vers un monde virtuel, purgé des vices du monde réel ? Outre le périmètre nécessairement limité du métavers, dont on voit difficilement comment il pourrait permettre d'assembler un véhicule ou de construire un bâtiment, son utilité pour les entreprises et ses effets sur l'épanouissement des salariés laissent pour le moins sceptiques. Les résultats d'une étude menée en 2022 par des chercheurs des universités de Cobourg, de Cambridge et de Primorska ainsi que de Microsoft Research sont très instructifs. Seize personnes ont passé une semaine à travailler en situation de réalité virtuelle et une autre à effectuer le même travail dans une configuration classique. La première semaine, la charge de travail était supérieure de 35 %, la frustration de 42 %, l'anxiété de 11 % et la fatigue oculaire de 48 %. La productivité était de 16 % inférieure et le sentiment de bien-être diminué de 20 %. Même si le salarié ne risque pas de se casser la jambe en tombant d'escaliers virtuels, la fuite en dehors du monde réel n'est pas plus satisfaisante que l'apologie du bonheur.

Le chemin de la liberté

On ne réhabilitera pas le salariat en traitant le problème à la surface. C'est en effet le socle même de la relation de travail salariée qui doit être reconsidéré, c'est-à-dire le rapport de subordination. Les générations passées ont été marquées par l'image du patron qui impose, de tout en haut, des ordres et des directives à son salarié. On a tous en tête l'image de Charlie Chaplin dans *Les Temps modernes* qui se voit dicter au millimètre et à la seconde près les gestes à accomplir et qui risque une sanction au moindre échec. La subordination, c'est aussi la caissière de supermarché tenue de demander une autorisation pour aller aux toilettes. C'est surtout, depuis le début du XXᵉ siècle, le fondement du salariat, le critère qui ouvre les protections du droit du travail. Or la subordination, la plupart des individus, à commencer par les jeunes, n'en veulent plus. Même si on peut être subordonné sans que la liberté d'agir soit à ce point aliénée, cette idée qui fait que celle ou celui qui devient salarié accepte, en signant son contrat de travail, d'être dirigé, contrôlé et sanctionné, puisque tels sont les trois éléments constitutifs du lien de subordination, agit aujourd'hui comme un repoussoir.

Les jeunes aspirent à être autonomes, loin du modèle qu'ont connu leurs parents et leurs grands-parents. Ils veulent définir leur emploi du temps, pouvoir télétravailler lorsque des impératifs familiaux le commandent, maîtriser la durée et la date de leurs congés, être consultés sur la fixation de leurs objectifs, avoir leur mot à dire sur la politique économique, sociale et environnementale de leur entreprise... Dit autrement, ils veulent être en mesure de décider pour eux-mêmes, condition nécessaire pour mieux concilier vie professionnelle et vie personnelle, mais aussi pour redonner du sens à leur travail[2]. Selon une étude menée auprès de plus de 5 000 travailleurs « intellectuels » à travers le monde sur ce qu'ils attendent de l'avenir de leur organisation du travail, 59 % d'entre eux accordent plus d'importance à la flexibilité qu'au salaire ou autres avantages et 77 % préfèrent intégrer une entreprise qui leur offre la possibilité de choisir là, où et quand ils travaillent[3]. Même si, toutes professions confondues, le montant du salaire arrive généralement en tête des préoccupations à l'embauche, l'autonomie et la liberté ne sont pas loin derrière (respectivement 61 et 53 % dans un sondage remarqué concernant les 18-30 ans[4]). Pourtant, à peine plus de la moitié des salariés français sont consultés avant la fixation de leurs objectifs de travail (51 %) et ont la capacité d'influencer les décisions importantes pour leur travail (53 %), un chiffre sensiblement plus faible que la moyenne européenne (respectivement 57 et 60 %) et nettement inférieur à des pays comme l'Allemagne, le Danemark ou les Pays-Bas, qui se rapprochent des 70 % (68 % des salariés allemands et danois estiment être capables d'influencer les décisions importantes pour leur travail)[5].

Le souhait exprimé par bon nombre de jeunes de s'éloigner de l'entreprise (le télétravail) ou de travailler moins (la semaine de quatre jours, la démission silencieuse[6]) n'est donc pas la manifestation d'une épidémie de flemme. Les jeunes n'aspirent pas à rester sur leur canapé à lézarder, à exercer leur prétendu droit à la paresse. Ils veulent être maîtres de leur travail.

L'autonomie pour tous

Répondre à cette demande d'autonomie est fondamental pour l'avenir de nos sociétés. La réponse ne peut toutefois se résumer dans un appel à créer sa propre entreprise, à s'inscrire comme microentrepreneur avec les risques économiques et la précarité qui, trop souvent, accompagnent ce statut. Elle se trouve d'autant moins dans une fuite vers le travail indépendant que ce n'est pas le salariat qui est en cause, mais cette idée que l'on renonce à une part très importante de sa liberté en signant un contrat de travail. Sauf à se résoudre à voir celles et ceux qui, en toute légitimité, aspirent à être autonomes dans leur travail, renoncer aux protections forgées tout au long du XIXe et du XXe siècle, il devient essentiel de conjuguer autonomie et salariat.

Pour ce faire, on ne part pas d'une page blanche. Même si on peut parfaitement être en télétravail et n'avoir aucune marge d'autonomie dans la définition de ses horaires, à l'instar des téléconseillers des centres d'appels, bon nombre de télétravailleurs bénéficient d'espaces de liberté dans l'organisation de leur emploi du temps ou s'octroient, avec la complicité bienveillante de leur manager, de tels espaces. Un certain nombre d'entre eux sont parallèlement en forfait jours, un statut occupé par près de la moitié des cadres et qui permet de travailler un nombre déterminé de jours tout en restant libre du nombre d'heures et des horaires.

Pour autant, l'autonomie n'est aujourd'hui accessible qu'à une frange réduite des salariés, principalement les cadres et plus largement, pour reprendre les termes de l'étude citée plus haut, les travailleurs « intellectuels ». Les salariés affectés à des tâches manuelles ou automatiques en sont purement et simplement exclus. On peut voir là un relent de la figure classique de l'ouvrier à qui l'on demande de faire ce qu'on lui dit, d'obéir au doigt et à l'œil au cadre situé au-dessus de lui parce que, soi-disant, ce dernier possède, seul, le savoir et la compétence sur le travail à accomplir. Pour ceux dont le travail est aujourd'hui – et sera plus encore demain – réglé par des machines, pour ceux astreints à des directives d'une extrême précision et, pour reprendre l'expression consacrée, à un « micromanagement » qui bride toute capacité d'initiative, l'autonomie se résume à la marge d'appréciation qu'implique, pour tout travailleur, l'écart entre le travail prescrit (la tâche qui lui est assignée) et le travail réel (l'activité déployée par lui pour répondre à ladite prescription).

Parmi ces salariés figurent les travailleurs de « deuxième ligne », pour reprendre l'expression consacrée lors de la crise du Covid-19 : livreurs, employés de caisse, éboueurs, personnels de restauration… Rien ne serait pire que de laisser de côté, dans la prise en compte de la demande d'autonomie, ces métiers, pour la plupart manuels, dont il est impossible, depuis la crise sanitaire, de nier l'utilité sociale. « La génération actuelle de révolutionnaires du management considère l'ethos artisanal comme un obstacle à éliminer. On lui préfère de loin l'exemple du consultant en gestion, vibrionnant d'une tâche à l'autre et fier de ne posséder aucune expertise spécifique », dénonce à juste titre Matthew Crawford avant de faire le panégyrique du travail manuel dans son livre *Éloge du carburateur*[7]. La perspective, parfois évoquée au lendemain de la crise sanitaire, d'une révision de l'échelle des rémunérations (pourquoi le trader ou le consultant gagneraient-ils infiniment plus que le garagiste ou l'infirmière ?) a sans surprise fait long feu. Accorder à ces travailleurs l'autonomie à laquelle nombre d'entre eux aspirent, sans bien entendu occulter la problématique essentielle de la rémunération, paraît d'autant plus nécessaire que leurs postes sont, pour la plupart, non télétravaillables. Comment s'étonner des difficultés de recrutement dans les métiers dits « en tension » (soin, transport routier, restauration, construction ou encore agroalimentaire) qui cumulent une faible rémunération et un accès fermé au télétravail !

Tout salarié, quelle que soit sa qualification, doit pouvoir prétendre à l'autonomie. Ce qui ne veut pas dire que celle-ci peut et doit être la même pour tous. À moins de tomber dans la caricature, on ne peut pas penser le travail par référence à un modèle type, autrefois l'ouvrier aux 3×8, aujourd'hui le cadre en télétravail. D'abord porté aux nues pendant les mois de confinement consécutifs à la pandémie de Covid-19, le télétravail est aujourd'hui boudé par nombre d'entreprises. Un rejet qui se traduit par des demandes insistantes de retour au présentiel, mais aussi, suivant les premières études disponibles aux États-Unis, par des pourcentages de promotions et d'augmentations de salaires sensiblement plus faibles chez les salariés en télétravail à 100 %[8]. Ensuite, concevoir un modèle autour du télétravail serait écarter 50 % des salariés puisque, selon l'Insee, un Français sur deux exerce une profession incompatible avec le télétravail. Enfin, et surtout, que l'on soit cadre ou ouvrier, en télétravail ou en présentiel, les situations ne sont jamais uniformes et ne permettent pas de raisonner sur un modèle type.

Qu'y a-t-il de commun entre le salarié sans qualification qui démissionne de son travail avec pour seule perspective de trouver un emploi aux conditions de travail un peu moins dégradées, et le jeune surdiplômé doté d'une compétence très recherchée qui quitte son poste parce que celui-ci ne correspond pas à ses valeurs ou parce qu'il est en désaccord avec la politique environnementale de son entreprise ? Entre deux métiers, mais aussi entre deux salariés effectuant le même métier, les prétentions à l'autonomie peuvent revêtir des contours radicalement différents. L'autonomie que peuvent revendiquer le manutentionnaire ou la caissière n'est pas celle à laquelle peuvent aspirer le juriste ou le responsable du marketing exerçant de surcroît leur activité en tout ou partie en télétravail. Le cadre dirigeant, le juriste, l'ingénieur en intelligence artificielle ou en robotique peuvent prétendre être autonomes dans l'exercice de leurs fonctions, définir leurs horaires, choisir de télétravailler ou non, mais aussi participer à la définition du contenu de leur travail. Celui qui exerce des tâches manuelles et répétitives est et restera soumis aux ordres d'un chef ou, de plus en plus, d'une intelligence artificielle, avec des prétentions à l'autonomie tout aussi légitimes mais ciblées exclusivement sur la définition de ses conditions de travail. Les aspirations peuvent elles aussi varier. Le passionné de surf voudra de la liberté, du télétravail, fixer ses horaires en fonction de la météo, quitte à ne pas avoir de cadre horaire stable, mais ce qui vaut pour les salariés des start-up dont la moyenne d'âge se situe entre 25 et 35 ans ne vaut pas nécessairement pour tous les salariés. La diversité des situations de vie et de travail n'a rien de nouveau et ne justifie en aucun cas de renoncer à reconsidérer le rapport de travail dans son ensemble.

Au nom des droits humains

La question n'est pas uniquement d'élargir le cercle des personnes concernées. Elle est aussi de définir les conditions d'une autonomie qui soit compatible avec le salariat. L'autonomie du salarié ne se confondra jamais avec l'indépendance du free-lance qui assume les risques de son activité. Elle n'a sa place, en effet, que dans les limites de la relation de pouvoir qui lie le salarié à son employeur, et sans laquelle toute forme de protection des salariés perdrait sa raison d'être. Prétendre effacer ce rapport de pouvoir serait non seulement contraire à l'intérêt même de ceux auxquels on promet davantage d'autonomie, mais aussi purement illusoire. Car s'il change de visage pour bon nombre de salariés, glissant de la direction (on dicte au salarié ce qu'il doit faire) vers le contrôle (on vérifie qu'il atteint ses résultats, on le surveille…), le pouvoir reste omniprésent dans l'entreprise moderne.

Rendre effective l'aspiration des salariés à l'autonomie n'est pas annihiler le pouvoir de l'employeur, mais définir les contours d'une autonomie compatible avec un exercice raisonnable du pouvoir. On peut comprendre que l'autonomie soit contrôlée, que l'employeur veuille s'assurer que ses salariés ne passent pas leur journée à bronzer sur la plage ou à jouer aux jeux vidéo sur leur ordinateur, mais pas qu'elle se concrétise par une surveillance de tous les instants, par l'ouverture aléatoire de la webcam de l'ordinateur, voire, comme cela commence à émerger, par l'insertion de puces sous la peau des salariés. Il est tout aussi normal qu'un employeur puisse assigner à ses salariés des objectifs, ce qu'il fera d'autant plus volontiers lorsque ceux-ci seront libres dans la définition de leur emploi du temps, mais on ne peut pas en arriver à la fixation d'objectifs d'un niveau tel que le salarié ne peut plus avoir de vie personnelle et met en danger sa santé. Nombre de télétravailleurs et de salariés en forfait jours en font la douloureuse expérience.

Cela veut dire ne pas se contenter de reconnaître aux salariés une autonomie dans la définition de leurs horaires de travail. Tant que les salariés n'auront pas leur mot à dire sur l'objet de leur travail, mais aussi sur les objectifs économiques de leur entreprise, le remède sera pire que le mal. À quoi bon être autonome pour atteindre des objectifs qui ne sont réalisables qu'au prix d'une charge de travail incompatible avec sa santé ? Quelle est la liberté d'un salarié tenu de rendre compte à chaque fin de journée de ses résultats ? Le remède passe, au moins en partie, par la reconnaissance au profit des salariés de capacités de décision à tous niveaux. Mais le mal est plus profond et nous oblige à remonter très en amont !

L'autonomie sera biaisée tant que les salariés seront au service de groupements mus par la volonté de produire toujours plus, toujours plus vite et à moindre coût. L'autonomie à laquelle aspirent les nouvelles générations n'est viable que si l'on sort du culte de la performance dont on commence à réaliser les conséquences désastreuses sur l'homme, autrement dit, si l'on place la protection de la personne humaine au-dessus des considérations économiques et financières. Pour reprendre un principe reconnu tant en droit français qu'en droit européen, c'est au travail de s'adapter à l'homme, non l'inverse ! Promouvoir l'autonomie restera vain si on ne combat pas en parallèle la déshumanisation du travail, aujourd'hui incarnée par l'assujettissement de l'homme à la machine. Comment une autonomie digne de ce nom pourrait-elle exister dans un monde du travail indifférent à la personne du salarié ?

La tâche est ardue, car la déshumanisation remonte à loin : non seulement bien entendu au travail à la chaîne, mais aussi à une grammaire managériale ancrée depuis des décennies qui s'obstine à parler de « ressources humaines » et à convertir la « personne » en « personnel » (gestion du personnel, registre du personnel), comme le dénonce si bien André Gorz dans ses *Adieux au prolétariat*[9]. Il est indispensable de revoir les méthodes de management qui, faute de formation suffisante ou adéquate des managers, soit refusent aux salariés toute forme d'autonomie au nom d'une conception verticale du pouvoir, soit lui réservent un accueil favorable, parfois très favorable, mais en font un instrument exclusivement tourné vers l'efficacité de l'organisation. Un engagement de la jeune génération sur la question du travail est tout aussi nécessaire. La prise de conscience environnementale que l'on constate aujourd'hui doit se doubler d'une prise de conscience sociale, pour en arriver à une prise de conscience globale de la nécessité de replacer la personne humaine au cœur de nos sociétés modernes. Il est bien évident que l'autonomie au travail, qui suppose initiatives et actes de volonté, ne sera vertueuse et efficace que si les personnes concernées se l'approprient. À quoi bon mettre en place les conditions d'une cogestion, comme nous le proposerons, si les principaux concernés ne s'engagent pas dans leur entreprise ?

Une autre considération doit être mise en avant sur le chemin de la réhumanisation du travail, d'apparence plus austère mais plus puissante que toutes les autres. On peut choisir d'investir ou non, d'embaucher ou pas, d'être salarié ou indépendant, d'adopter telle forme de société plutôt que telle autre, de s'engager pour une cause sociale ou environnementale… Nul ne peut choisir d'appliquer ou non les droits et libertés fondamentaux attachés à la personne humaine, que ce soient le droit au respect de la vie personnelle, le droit à la santé et à la sécurité, le droit au respect de la dignité humaine ou, dans une certaine mesure, le droit à l'autonomie personnelle. Une évolution, une proposition, une décision peuvent être économiquement efficaces, répondre aux aspirations du plus grand nombre, être acceptées par celles et ceux qui en subiront les conséquences… Elles n'ont pas leur place dans un État de droit digne de ce nom si elles sont contraires aux droits humains. La promotion de la personne humaine, en tant qu'être dont on protège les attributs fondamentaux (dignité, santé, vie privée…) et auquel on reconnaît des capacités (s'engager, décider, refuser) n'est pas une option à laquelle on peut renoncer ou se soustraire.

Sans doute le chemin vers l'autonomie du salarié est-il semé d'embûches, auxquelles s'ajoutent les nombreux faux-semblants qui polluent le débat sur le travail et qu'il nous faudra lever au fil des chapitres : la prétendue modernité du travail indépendant, le bonheur obligé au travail, le mythe de l'autonomie de la volonté, la surveillance déguisée, la neutralité de l'algorithme, le déterminisme technologique, la loi du marché, la supposée incompatibilité entre protection de l'environnement et intérêt des salariés… Il mérite néanmoins d'être emprunté à la fois pour mieux encadrer l'autonomie de ceux qui en bénéficient déjà et pour la reconnaître à ceux qui ne l'ont pas, et qui l'auront encore moins demain si rien ne change.

CHAPITRE 1

La liberté à tout prix

Fixer sa propre rémunération, travailler où l'on veut, ne recevoir d'ordres de personne, recruter ses propres collègues... le tout en accord avec son employeur et en bénéficiant des protections du salariat ! Une certaine idée de la modernité prospère aujourd'hui, plébiscitée par nombre de jeunes, très loin de l'employeur qui impose d'en haut un changement de lieu ou d'horaires sans préoccupation aucune pour les conséquences de ce changement sur le temps de trajet et sur la vie familiale de son salarié. Cette aspiration à l'autonomie se concrétise, avant tout, par une demande de flexibilité dans l'organisation du travail. Alors que la flexibilité appartenait essentiellement au discours patronal, au point de constituer un gros mot pour nombre de salariés et une ligne rouge pour les syndicats, elle est aussi aujourd'hui, sous des formes et avec un vocabulaire certes différents, une revendication des salariés.

Travailler quand on veut et où on veut serait le meilleur moyen de concilier impératifs professionnels et vie personnelle. Incarnation de l'entreprise industrielle, l'idée d'horaire collectif est, dans la pratique de nombre d'entreprises, d'un autre temps.

Les salariés veulent des horaires variables, individualisés, pouvoir capitaliser leur temps de travail et surtout être en mesure d'agencer librement leurs horaires. Une aspiration d'autant plus aiguë chez ceux ayant vécu l'expérience du télétravail lors de la crise du Covid-19. Le fait que, tous âges confondus, 36 % des salariés seraient prêts à claquer la porte s'il leur était impossible de télétravailler et que 53 % des 18-24 ans en France envisageraient de quitter leur entreprise si leur employeur leur imposait 100 % de présentiel[1] traduit sans nul doute une volonté de rester chez soi, avec tout ce que cela signifie du désir de s'éloigner, au moins temporairement, de son lieu de travail. Cela traduit aussi et surtout la revendication d'un nombre sans cesse croissant de salariés d'être maîtres de leur vie tant personnelle que professionnelle. Sur fond de critique, parfois de rejet, du salariat et d'hymne à la liberté individuelle, l'autonomie est au cœur des enjeux du travail d'aujourd'hui. Non seulement du travail indépendant, mais aussi et surtout du travail salarié !

Le mythe de l'entreprise libérée

Nombreuses sont les entreprises à avoir, en apparence, relayé cette aspiration à l'autonomie, jusqu'à, pour certaines d'entre elles, permettre à leurs salariés de travailler où ils veulent et quand ils veulent, avec pour seule contrainte de réaliser les objectifs qui leur sont assignés. Le P-DG de Virgin avait ainsi annoncé, dans les années 2010, à grand renfort de communication, que ses salariés employés au Royaume-Uni et aux États-Unis pourraient désormais, s'ils le souhaitaient, prendre des congés illimités, travailler où ils voulaient et quand ils voulaient, le cas échéant à la plage. Aujourd'hui, Netflix se vante de pratiquer la *take what you need policy*, en permettant à ses salariés de prendre autant de congés qu'ils le souhaitent et à des périodes librement définies par eux. Ce schéma correspond peu ou prou à celui de l'« entreprise libérée ». Libérée de quoi ? De la subordination précisément puisque, selon Brian Carney et Isaac Getz qui ont théorisé le concept dans leur livre *Liberté & Cie*, une entreprise est libérée « lorsque la majorité des salariés disposent de la liberté et de l'entière responsabilité d'entreprendre toute action qu'eux-mêmes estiment comme étant la meilleure pour la vision de l'entreprise[2] ». Mais aussi, même si c'est de façon moins explicite, libérée des contraintes du droit du travail ! La rupture avec l'approche classique du salariat, associée à un management très directif et à un cadre légal strict incarné par la figure tutélaire du Code du travail, est radicale.

Des générations de salariés ont connu ce mode hiérarchique d'organisation du travail, conférant un rôle central aux « managers » pour ne laisser qu'un rôle subalterne aux « exécutants », dont on nie les capacités intellectuelles, l'aptitude à décider et la capacité d'innovation. Ce même si d'infimes marges d'autonomie, recherchées ou contraintes, ont toujours existé, comme l'illustre l'interdiction de la grève du zèle, c'est-à-dire de celle qui consiste à appliquer à la lettre les directives patronales en refusant le plus petit ajustement quitte à nuire à l'intérêt de l'entreprise (agent de sécurité qui contrôle si minutieusement les sacs qu'il finit par créer un blocage et à dissuader les clients d'entrer) ! Dans cette conception traditionnelle des rapports de travail, les tâches sont prescrites à la virgule près, au sein de classifications très détaillées qui définissent l'ensemble des tâches associées à un type de poste, sans laisser la moindre capacité d'initiative aux salariés. Ce n'est sans doute pas un hasard si Henri Fayol, Henry Ford et Frederick Winslow Taylor, dont les théories ont longtemps marqué le management, étaient tous trois ingénieurs. En appliquant au travail les principes d'ingénierie, le risque de traiter les hommes comme des machines était quasi inéluctable.

Le modèle de l'entreprise libérée est tout l'inverse de cela. Le salarié fixe lui-même ses horaires, ses congés, son lieu de travail… Bref, c'est le règne de l'autonomie, les salariés pouvant aller jusqu'à fixer, au sein du service, le montant des primes. Après tout, qui est le plus à même d'évaluer l'investissement personnel d'un salarié si ce n'est l'intéressé lui-même, suivant une logique aujourd'hui bien connue d'autoévaluation ? Une telle philosophie de l'entreprise peut aller très loin puisque le directeur général adjoint de la biscuiterie Poult, adepte de la libération de l'entreprise, n'hésitait pas à affirmer en 2015, pour justifier l'abandon par les managers de leur pouvoir de recrutement, qu'il est « hors de question que des salariés subissent des décisions qui les concernent au quotidien[3] ».

Dans l'affichage, l'entreprise libérée constitue un idéal. À en croire ses partisans, le bonheur au travail est assuré[4]. « Vous rendrez vos collaborateurs heureux, […] il n'y a pas de performance sans bonheur », annonce Jean-François Zobrist dans *L'Entreprise libérée par le petit patron naïf et paresseux*, ouvrage inspiré de l'esprit japonais du *kaizen*. « L'entreprise libérée est une entreprise qui voit rapidement s'envoler son chiffre d'affaires, son cash-flow et son niveau de qualité, et qui voit fondre ses accidents du travail, son absentéisme, ses coûts, son temps de défilement, et ses délais de livraison… uniquement par le bonheur retrouvé de ses ouvriers[5] », ajoute-t-il. Et vu que les salariés de l'entreprise sont d'accord, même enthousiastes, tout va pour le mieux dans le meilleur des mondes. Le rêve en quelque sorte !

Au mépris du droit

Dans ce schéma idyllique, salariés et employeurs vont définir ensemble un mode de travail hybride, avec deux ou trois jours par semaine en télétravail. En vertu de cette convention, le plus souvent tacite, le salarié aura la liberté de définir lui-même ses horaires de travail et le nombre d'heures de travail à effectuer. L'employeur qui souhaitera donner un cadre légal à cette organisation mobilisera, le cas échéant, les outils de flexibilité prévus par le Code du travail. À supposer qu'il souhaite le formaliser et qu'un accord collectif l'autorise, il conclura avec son salarié une convention de forfait jours, destinée précisément à permettre à ce dernier de gérer son temps de travail en toute autonomie. Un dispositif qui sied parfaitement à l'entreprise libérée, puisque le forfait jours est destiné, selon les termes mêmes du Code du travail, aux salariés « autonomes dans l'organisation de leur emploi du temps ». Plus d'heures de travail, puisque la législation sur les 35 heures de même que les durées de travail maximales (10 heures par jour et 48 heures par semaine) sont écartées, mais seulement des jours de travail, avec toute la souplesse que cela offre pour travailler le soir et pas le matin, le samedi et moins le reste de la semaine.

Les repos obligatoires, à savoir un repos quotidien d'une durée minimale de 11 heures consécutives et un repos hebdomadaire d'au moins 24 heures, qu'aucun accord entre le salarié et son employeur ne peut écarter, ont toutes les chances d'être méconnus. Mais peu importe, car dans ce modèle fondé sur la confiance, le pari est fait que le salarié ne viendra pas se plaindre devant un Conseil de prud'hommes (ringard !) que les repos n'ont pas été respectés, que l'on fume dans les bureaux, que l'appartement dans lequel il télétravaille n'est pas aux normes, que le forfait jours dont il ne veut finalement pas lui est appliqué alors qu'il n'y a pas expressément consenti ou qu'il n'a pas une autonomie suffisante pour rentrer dans les critères légaux. Ce malgré les conséquences du non-respect de certaines de ces règles, par exemple de très importants rappels de salaires en cas de non-respect de la législation sur les heures supplémentaires !

Dans son ouvrage, Jean-François Zobrist prône un système fondé sur la suppression des structures et des règles étouffantes, sur l'amour du client et la confiance en l'homme. Bref, le cadre légal n'a que peu d'importance[6]. L'auteur propose des échanges de salariés entre le client et l'entreprise libérée, qui iraient trois jours chez l'une et trois jours chez l'autre, sans se soucier le moins du monde de la légalité d'une telle mesure[7]. Isaac Getz et Brian Carney, dont la pensée semble parfaitement hermétique à toute réglementation du travail, préfèrent la souplesse de la « règle du jeu » à la rigueur de la règle de droit pour appréhender les rapports dans l'entreprise, jugeant que « les plus efficaces sont des règles simples, non écrites et appliquées librement par chacun[8] ». Si la souplesse peut être effectivement une vertu, que reste-t-il de la règle lorsque ses destinataires sont libres de l'appliquer comme ils l'entendent ? Pas surprenant que le passage à l'entreprise libérée s'accompagne de la suppression du service juridique, devenu un coût inutile[9] !

De tout cela, il n'y a pas lieu de s'inquiéter ni de s'offusquer. Dans une telle entreprise, le risque de contentieux est quasi nul. Les salariés qui, dans 99 % des cas, sont les demandeurs devant le Conseil de prud'hommes, ne le saisiront pas, d'abord parce qu'ils sont heureux dans leur entreprise et n'ont donc aucune raison d'assigner leur employeur en justice, ensuite parce que, autonomes et décisionnaires, ils ne pourront s'en prendre qu'à eux-mêmes si quelque chose ne va pas. Plus encore, dans ce type d'organisation fondée sur la confiance, la règle de droit n'est pas seulement accessoire. Elle est contre-productive en enfermant les acteurs dans un cadre contraint.

Le pari du non-recours

Il faut dépasser le lieu commun qui veut que la règle ne serve que lorsque les relations sociales sont dégradées. Ou, pire, parier que sur une centaine de salariés seuls un ou deux seront prompts à se plaindre, si bien qu'il serait contre-productif de s'encombrer avec elle !

Le pari est d'abord très risqué si la règle est sévèrement sanctionnée. En cas de dommage causé par un salarié (un chauffeur routier concentre toutes ses heures de travail sur un mois pour pouvoir partir en vacances le mois suivant et, par épuisement, cause un accident mortel), c'est l'entreprise qui est responsable. Responsabiliser le salarié n'exonère pas l'employeur de sa responsabilité. Prenons l'exemple de ce salarié ayant déménagé dans le Morbihan, à plus de 400 kilomètres du siège social de l'entreprise, situé non loin de Paris. Son employeur, hostile à ce déménagement, lui enjoint de maintenir son domicile à proximité du siège social pour être en mesure d'accomplir normalement ses missions, mais aussi et surtout afin de lui éviter la fatigue résultant de temps de trajet excessifs (4 h 30 de trajet par la route et 3 h 30 par le train). Le salarié refuse et est licencié. Il invoque, pour contester son licenciement, le droit à la libre fixation du domicile et le droit au respect de la vie privée. L'employeur lui oppose l'obligation qui est la sienne de veiller à la santé et à la sécurité de ses salariés et de respecter la réglementation en matière de durée du travail et de repos, de même que celle qu'a le salarié de veiller à sa propre sécurité. Il obtiendra gain de cause devant les tribunaux[10].

Dans l'intérêt même de l'entreprise, il serait déraisonnable de laisser les salariés totalement libres, en les autorisant par exemple – pour qu'ils puissent remplir leurs objectifs et percevoir la prime de performance qui leur est associée – à allonger leur temps de travail au-delà des limites légales. Outre la probabilité qu'ils s'épuisent, voire tombent malade, l'entreprise risque une condamnation, éventuellement pénale, pour violation des temps de repos obligatoires et des durées maximales de travail, mais aussi d'être contrainte au paiement d'importants rappels d'heures supplémentaires. Les salariés, en effet, n'ont pas à prouver les heures supplémentaires dont ils réclament le paiement, mais seulement à présenter des éléments (des mails envoyés tôt le matin ou tard le soir, leur agenda, des tableaux récapitulatifs d'heures...) suffisamment précis pour permettre à leur employeur d'y répondre. Faute d'avoir contrôlé les heures de travail, ce dernier aura les plus grandes peines à contredire, hors forfait jours puisque le régime des heures supplémentaires ne lui est pas applicable, son salarié qui prétend avoir travaillé tous les jours de la semaine de 8 heures le matin à 21 heures le soir. Ces exemples, et bien d'autres encore, montrent l'intérêt tant du salarié que de l'employeur à s'inscrire dans le cadre légal.

Réserver le droit aux relations sociales dégradées, nécessitant la médiation d'une règle ou d'un tiers (juge, arbitre, etc.), traduit ensuite une vision appauvrie de la règle de droit, dont les manifestations sont de plus en plus nombreuses. Plutôt que de rédiger avec soin un acte juridique – un contrat de travail, une lettre de rupture, une transaction – et de se faire assister pour ce faire par un professionnel du droit, on va appliquer un modèle clé en main trouvé ou acheté sur Internet ! Lorsque les logiciels et algorithmes de « justice prédictive » qui fleurissent sur Internet indiquent que la probabilité de gagner son procès est inférieure à 30 %, celle ou celui qui s'estime victime d'une injustice renoncera à tout contentieux, sans même solliciter les conseils d'un avocat. On en arrive à la conclusion que lorsque la règle de droit n'a vocation à jouer que dans un petit nombre de cas, elle n'a pas de raison d'être. Le fait que le travail forcé soit devenu statistiquement exceptionnel en France justifie-t-il d'abroger les dispositions du Code pénal sur l'esclavage moderne qui réprimeront les quelques situations dramatiques présentées devant un juge ? Ce serait nier le rôle préventif du droit, c'est-à-dire le fait qu'en dehors de tout contentieux l'individu est poussé à agir conformément à la règle par crainte d'une sanction[11].

Il est plus que probable que seule une faible proportion des entreprises est harcelante, qu'une toute petite minorité d'entre elles met en danger la santé de ses salariés en leur demandant de manipuler sans précaution des substances toxiques, et que minoritaires sont les employeurs qui licencient sans avoir de motif. Ce n'est pas une raison pour effacer du Code du travail et du Code pénal les règles contre le harcèlement, pour ne pas redoubler d'efforts afin d'éviter que les salariés soient en contact avec des produits chimiques cancérigènes, pour se satisfaire d'un barème qui rend moins dissuasif le licenciement injustifié en plafonnant les indemnités. « Il n'y a au plus que 3 % de gens pas très sérieux dans les entreprises, mais au nom de ces 3 % une structure pléthorique s'est créée, qui gère les 97 % de gens sérieux comme s'ils étaient tous pas très sérieux[12] », dénonce Isaac Getz. Derrière ce type de raisonnement, prospère une vision suroptimiste des rapports humains, qui présume que l'homme est bon, que chacun agit spontanément pour le bien commun, que les conflits d'intérêts n'existent pas... Le contentieux du travail, même s'il n'offre bien évidemment qu'une photographie partielle du monde du travail, suffit à démonter ce type de discours. Surtout, le droit ne se concrétise pas uniquement, loin de là, dans le procès, devant les tribunaux et par la plaidoirie des avocats. Considérer que le Code du travail n'a d'intérêt que lorsque le salarié dénonce aux prud'hommes une situation de harcèlement ou de discrimination équivaut à considérer que le Code de la route ne sert qu'en cas d'accident de la circulation ou à prétendre que les règles de protection de la santé ne sont utiles qu'une fois que le salarié est tombé gravement malade.

Liberté sans contraintes

Malheureusement, les schémas idylliques fonctionnent rarement. Cet appel à une liberté sans contraintes, ce rejet des structures, y compris syndicales, considérées comme autant de rigidités empêchant les entreprises de s'adapter librement au changement, n'est viable que dans une configuration idéale. Une configuration rarissime puisque supposant le cumul de trois séries de considérations.

D'abord, une confiance absolue entre les personnes concernées, en l'occurrence entre employeur et salariés et entre les salariés eux-mêmes.

Dans une vision strictement libérale de la société, la confiance peut remplacer la règle, qui renverrait à des relations dégradées. Il faut cependant beaucoup de prudence face à cette équation qui fonde, chez certains économistes, un discours hostile à toute régulation (pas besoin de règle puisque la confiance est là) et qui paraît particulièrement inadaptée aux rapports inégalitaires que sont les rapports de travail salarié. Le licenciement pour perte de confiance, admis jusqu'au début des années 1990, en fournit un bon exemple. Combien d'entreprises, faute de disposer d'un motif objectif de licenciement, tel qu'une faute, une insuffisance professionnelle ou des difficultés économiques, ont invoqué la perte de confiance envers leur salarié ! « Vous êtes licenciée en raison de l'incompatibilité de vos fonctions… exercées dans les secrets de la vie de la société… et le fait d'être l'épouse d'un salarié qui attaque [la société] devant les tribunaux[13] », avait osé un employeur à l'époque où le licenciement pour perte de confiance était encore admis par les tribunaux. Autre cas typique de ce licenciement, celui d'une salariée soupçonnée de vol par ses collègues sans que l'employeur dispose du moindre élément objectif en ce sens[14]. Il était évidemment discutable de fonder une décision aussi lourde de conséquences qu'un licenciement sur une simple perte de confiance que seul l'auteur de la décision était, dans son for intérieur, en capacité d'apprécier. Que répondre à l'employeur qui affirmait ne plus avoir confiance en son salarié ? Un juge aurait-il invalidé le licenciement au motif que, contrairement à ses dires, l'employeur avait toujours confiance en son salarié ? Cela aurait frisé l'absurde !

Fort heureusement, les lettres de licenciement ne peuvent plus contenir ce motif, les juges exigeant désormais des éléments objectifs, par exemple une faute (ce que n'est évidemment pas le simple choix d'être en couple avec telle personne, même si celle-ci occupe un poste à responsabilité dans l'entreprise concurrente) ou une insuffisance professionnelle, pour fonder le licenciement ! Surtout, la confiance dispense de la règle lorsque tout va bien mais, lorsqu'elle disparaît, la règle devient indispensable. On apprend que l'un de ses collègues a menti, qu'un autre ne cesse de dénigrer ses voisins de bureau, que son employeur est corrompu... Fleuron de l'entreprise libérée, l'entreprise de vêtements Gore-Tex se fait une fierté de l'évaluation collégiale des salariés : chacun note ses propres collègues. Mais il suffit que deux collègues nourrissent inimitié ou rancœur pour que le système vrille.

Ce n'est pas un hasard si, dans tous types d'entreprises, des manquements à l'obligation de loyauté (mentir, exercer une activité concurrente, utiliser le matériel de l'entreprise à des fins personnelles, etc.) sont régulièrement soulevés devant les tribunaux, loin de cette croyance en une coopération spontanée de l'employeur et de ses salariés qui œuvreraient conjointement dans leur intérêt commun. Ce qui vaut en cours de relation de travail vaut plus encore lorsque la relation vient à se rompre, pour une raison ou une autre. La confiance ou le bonheur partagés qui avaient pu faire qu'un procès était hors de propos disparaissent aussitôt, comme ils disparaissent lorsqu'un couple vient à se séparer et que l'un de ses membres demande le divorce sans le consentement de l'autre.

Ensuite, l'équilibre des rapports de force. Laisser les individus définir eux-mêmes leurs congés, leurs primes, au mieux par le biais d'une délibération, au pire par des échanges informels, sans limites, sans cadre, n'est viable que si on occulte les rapports de force dans l'entreprise. Le risque de décision inéquitable, entre des individus dont on peut comprendre qu'ils ne soient pas naturellement mus par l'intérêt (supérieur ?) de l'entreprise, est très élevé. Et donc le risque que, lorsque les salariés définissent leur travail ensemble, en toute autonomie, sans hiérarchie mais aussi sans règle, ce soient les plus forts qui prennent les bonnes places, ceux qui ont la plus forte aisance oratoire, ceux qui ont la plus grande expérience de la négociation ou du conflit ! Une organisation sans pouvoir institué ne fonctionne pas et a toutes les chances de produire des décisions injustes, parfois discriminatoires. La règle « à travail égal, salaire égal », qui oblige l'employeur à justifier par des critères de diplômes, de qualité professionnelle, de performance ou encore d'ancienneté, c'est-à-dire par des critères objectifs, le fait de payer moins un salarié que son collègue effectuant les mêmes tâches, est là précisément pour prévenir les politiques de rémunération arbitraires, basées notamment sur les rapports de force. D'ailleurs, certaines personnes ont besoin de ce pouvoir : « Il y a des gens à qui ça fait peur, qui préfèrent être encadrés durement, c'est tout à fait légitime », reconnaît Isaac Getz, qui invite les dirigeants à respecter les choix des salariés. « C'est un non-sens que de forcer les gens à être libres[15] ».

Ces personnes vont généralement démissionner, ce qui va s'ajouter aux suppressions de postes d'encadrement inhérentes à la mise en place du modèle d'entreprise libérée. Souhaitant appliquer dans l'un de ses magasins un nouveau mode de management en donnant à l'ensemble des employés des responsabilités réservées jusqu'alors aux chefs de rayon, Auchan avait annoncé, en 2015, 480 suppressions de postes de cadres en conséquence du raccourcissement de la chaîne de décision. L'expérience sera abandonnée quelques mois plus tard, officiellement car le directeur du magasin porteur du projet fut nommé dans une autre ville, plus probablement en raison des manifestations de salariés se plaignant d'une dégradation de leurs conditions de travail et du fait que la prétendue libération de l'entreprise n'était qu'un prétexte pour diminuer la masse salariale[16].

Derrière cette réserve, il y a aussi une forte réticence de certains salariés vis-à-vis de la logique de responsabilisation qui accompagne l'entreprise libérée, puisque ses promoteurs considèrent la responsabilité comme le corollaire nécessaire de la liberté. L'équation n'est pas pour autant aussi évidente qu'il y paraît dans des rapports qui restent et ne peuvent que rester des rapports de pouvoir, et dans un schéma économique qui fait que la quasi-totalité des salariés travaillent au profit d'une entreprise dont les bénéfices ne leur reviennent pas directement. Il n'est pas plus évident que se passer des structures intermédiaires, non seulement des représentants du personnel, notamment syndicaux, devenus inutiles dans une entreprise où le patron n'a plus le pouvoir de satisfaire les revendications, mais aussi des managers dans une entreprise dont les équipes s'autogouvernent, contribue au bonheur des salariés, puisque telle est l'ambition des partisans de l'entreprise libérée[17]. Dans un État de droit, on ne peut tout faire reposer sur la confiance ou sur le rapport de force, pas davantage sur l'espoir d'une convergence d'intérêts.

À moins d'être en présence de dirigeants vertueux qui vont spontanément gérer leur entreprise dans le bien commun, une liberté sans contraintes suppose en effet, en troisième lieu, *un intérêt partagé entre les différentes parties prenantes.*

À en croire ses adeptes, il est effectivement dans l'intérêt tant des salariés que de l'entreprise de basculer dans le schéma de l'entreprise libérée. Les salariés, épanouis dans leur travail et libres de prendre autant de pauses que nécessaire pour vaquer à leurs occupations extraprofessionnelles, trouveront plus facilement le bonheur. L'entreprise sera plus efficace avec des salariés plus motivés, plus impliqués et plus productifs car heureux au travail. Libérée de toute contrainte, elle va pouvoir reconnaître à ses salariés la liberté de faire ce qui leur semble juste, efficace… quitte, en suivant les préceptes du *nudge management,* à influencer leurs actions en jouant sur leurs biais cognitifs (concevoir le bureau de manière à faciliter le partage d'informations, multiplier les espaces de détente pour favoriser le bien-être, installer des boîtes à idées pour favoriser les initiatives[18]…). Les responsabiliser est, *a priori,* tout bénéfice pour l'entreprise qui n'a presque plus rien à contrôler puisque ce sont les salariés qui vont le faire. Elle réalise, en parallèle, des économies de salaires étant donné que tout ou partie des cadres intermédiaires et des directions opérationnelles perdent leur raison d'être. Le schéma est-il aussi vertueux qu'il le laisse paraître ? Lorsque la liberté est ainsi conçue, *a fortiori* dans des relations intrinsèquement inégalitaires, elle est, loin du paysage idéal qui vient d'être décrit, une manière très discutable de gérer les processus de décision en renvoyant la responsabilité aux parties faibles, en l'occurrence les salariés.

L'utopie de la volonté

Si la doctrine de l'entreprise libérée paraît défier l'idée même de subordination, elle est aussi parfaitement en phase avec une certaine conception de la société, incarnée par l'autonomie de la volonté, c'est-à-dire par cette idée selon laquelle les individus seraient libres de définir ce qui est juste pour eux et seraient engagés à la seule condition d'avoir donné leur consentement. D'intervention extérieure aux parties, il n'est pas besoin car l'individu est rationnel, voire raisonnable. Les parties étant seules juges de leurs intérêts, un tiers, qu'il soit législateur ou juge, n'a pas à s'immiscer dans leur accord pour le priver d'effet s'il est illicite, ou pour le rééquilibrer au nom de l'inégalité entre les parties. Si l'on suit cette logique, aucune autorité, si légitime soit-elle, n'a son mot à dire sur le contenu de volontés exprimées en connaissance de cause, les parties acceptant d'assumer les conséquences de leurs engagements puisqu'elles sont autonomes ! Toute forme d'ingérence dans cette autonomie est illégitime et doit être gommée.

On mesure facilement les écueils d'une telle approche dans des relations de travail subordonnées. Elle revient à justifier, au nom du consentement du salarié, les atteintes à son droit au repos, à son droit à la santé, à son droit à la dignité, voire, dans une certaine mesure, au droit au respect de sa vie personnelle[19]. Ce n'est pas parce qu'on est prêt à assumer les conséquences de ses actes que l'on peut faire tout et n'importe quoi, y compris au détriment de sa propre personne. Dans une affaire restée célèbre, la pratique détestable du lancer de nains a ainsi été interdite parce qu'attentatoire à la dignité humaine. Le fait que les personnes concernées se prêtaient librement à cette exhibition, contre rémunération, n'y a fort heureusement et fort logiquement rien changé.

Il ne faut pas en conclure que le salarié est, à l'image du mineur ou d'un majeur sous tutelle, un incapable dont il faut limiter la capacité d'engagement. S'il souhaite, pour des raisons financières ou autres, travailler le dimanche et prendre son jour de repos hebdomadaire un autre jour de la semaine, pourquoi l'en empêcher ? Comme toute personne, il possède, pour reprendre les termes de la Cour européenne des droits de l'homme, un droit au respect de son autonomie personnelle qu'il exerce d'ores et déjà lorsqu'il consent, lors de la conclusion de son contrat de travail, à entrer dans une relation subordonnée à autrui. Mais, à moins de sombrer dans un libéralisme pur, le pouvoir de la volonté est nécessairement encadré dans un État de droit digne de ce nom, *a fortiori* lorsque cette volonté s'exprime dans le cadre de rapports asymétriques. La clause du contrat de travail par laquelle le salarié renonce purement et simplement à son droit au repos n'est évidemment pas valable du seul fait que son consentement n'est entaché d'aucun vice, pas davantage que celle par laquelle il renonce par avance à saisir le conseil de prud'hommes en cas de contentieux, au profit d'une instance arbitrale désignée par l'employeur. Le Code civil comprend un article 6, inchangé depuis son adoption en 1804 et applicable à la relation de travail comme à toutes les relations contractuelles, en vertu duquel « on ne peut déroger, par des conventions particulières, aux lois qui intéressent l'ordre public et les bonnes mœurs ». Un article que complètent les droits fondamentaux, auxquels il n'est pas davantage possible de renoncer par un simple accord de volontés.

Que ce soit au nom de l'ordre public ou des droits fondamentaux, ce n'est pas parce qu'on a consenti, en parfaite connaissance de cause, à une injustice que celle-ci n'en est plus une. Rappelons la formule de Lacordaire, célèbre parmi les juristes : « Entre le fort et le faible, entre le riche et le pauvre, entre le maître et le serviteur, c'est la liberté qui opprime et la loi qui affranchit. » En d'autres termes, la volonté des parties ne garantit pas le juste, de surcroît dans des relations inégalitaires comme le sont les relations de travail salariées. À moins d'occulter les rapports de pouvoir inhérents à ce type de relation, libérer l'entreprise et ses salariés ne peut se faire que dans le respect du smic, de la législation sur le temps de travail, du droit au repos, de la santé physique et mentale, des règles de rupture... Autrement dit, l'autonomie de la volonté, dans des relations marquées par le pouvoir de fait d'une partie sur l'autre, constitue le meilleur moyen d'aboutir à des solutions injustes et invite à la plus grande prudence vis-à-vis de discours très en vogue prônant la liberté à tout prix. Ce n'est pas un hasard si, en réaction à la toute-puissance de la volonté, ont été créés des droits dits « de protection de la partie faible », notamment le droit de la consommation, le droit des baux d'habitation, le droit des assurances et le droit du travail.

Un schéma réservé aux happy few

Combien d'entreprises et de salariés sont concernés par la philosophie de l'entreprise libérée ? La libération, telle que la décrivent ses promoteurs, est sans doute spectaculaire mais elle ne peut être que très minoritaire. Nombre d'entreprises se disent « libérées » simplement parce que leurs salariés peuvent prétendre accéder à n'importe quel poste, y compris de direction, ou parce qu'ils sont informés de l'ensemble des décisions prises en interne !

Le schéma de l'entreprise libérée tel que décrit plus haut, tout comme d'ailleurs celui de la start-up qui lui ressemble en de nombreux points, se conçoit pour une petite entreprise, où tout le monde se connaît. Même s'il n'y a là rien d'impossible, il est autrement plus compliqué de mettre en place, dans une entreprise comprenant plusieurs milliers de salariés, une gouvernance sans managers ni représentants du personnel, avec des équipes de centaines de salariés qui s'autogouvernent, le tout reposant sur la confiance des uns envers les autres. Cette antienne selon laquelle on peut aisément remplacer le rapport de subordination par une relation de confiance n'est réaliste que lorsque patron et salariés se connaissent, avec un très fort *intuitu personae* lié à la personne du patron (l'entreprise libérée perd d'ailleurs souvent sa spécificité après le départ de son ou de ses dirigeants), et lorsque les salariés eux-mêmes se connaissent et se côtoient, autrement dit dans une entreprise à taille humaine. Remplacer la représentation du personnel par des discussions en tête à tête avec le patron n'est réaliste que dans la petite entreprise. Dans un paragraphe au titre édifiant – « Pas de syndicats » – Zobrist reprend les propos d'un patron pour qui « question de confiance : [il] ne voi[t] pas pourquoi il y aurait un syndicat ici ; si tu as quelque chose à dire, tu prends rendez-vous et tu discutes de ton problème[20] ». Bien que cela ne rende pas pour autant son propos convaincant, l'auteur prend le soin de préciser qu'il s'agit d'un « petit patron ».

Ce qui se présente, à le lire, comme un argument anti-syndical, est discutable dans les petites entreprises et devient, dans les structures de taille plus importante, purement et simplement contraire à la volonté d'un nombre sans cesse croissant d'employeurs de disposer d'interlocuteurs syndicaux pour négocier des accords collectifs. Dans ces structures, la négociation avec les syndicats joue, plus souvent qu'on le croit, un rôle à la fois structurant (les délégués syndicaux ont généralement l'expérience et la compétence pour négocier), simplificateur (il est plus simple de négocier un seul accord collectif que des centaines, voire des milliers d'accords individuels) et protecteur des intérêts de l'entreprise (la plupart des mesures de flexibilité du temps de travail supposent, pour être mises en place, la conclusion d'un accord collectif).

C'est aussi le tour de force des entreprises libérées que de se présenter comme telles alors que ce mode de gestion des relations sociales est le plus souvent réservé à une frange de leurs salariés, principalement les cadres. Il s'est vite avéré que la politique alléchante de congés illimités du P-DG de Virgin concernait moins de 10 % des salariés de l'entreprise. Si l'on prend l'exemple, proche de la caricature, de ces jeunes qui partent vivre à l'étranger, voire voyagent à travers le monde, au su ou à l'insu de leur employeur (la possibilité de mettre un fond d'écran sur Zoom ou Teams est bien pratique pour laisser croire que l'on est assis à sa table de travail habituelle), tout en conservant leur emploi en France, combien de personnes cela concerne-t-il ? Qui d'autre que les télétravailleurs à 100 %, c'est-à-dire une infime minorité d'entre eux (moins de 5 %), pourraient y prétendre ?

C'est dire que l'autonomie n'est pas et ne peut pas être, dans la très grande majorité des entreprises et pour la plupart des salariés, celle glorifiée par les partisans de l'entreprise libérée. Quoi qu'on en dise, le contrôle des salariés n'est pas un vestige du passé. La surveillance à laquelle ils sont aujourd'hui astreints est certes moins visible que le contrôle rapproché du contremaître épiant physiquement les faits et gestes de son subordonné. Elle est toutefois tout aussi présente, voire davantage.

CHAPITRE 2

Les salariés sous surveillance

Libre mais surveillé ! Que signifie être autonome pour un salarié qui, certes, n'est pas sous le regard direct d'un supérieur hiérarchique parce que, par exemple, il est en télétravail, mais dont les mails, l'activité sur Internet, les SMS et autres appels téléphoniques sont épiés à son insu ? Quel télétravailleur n'a jamais reçu un appel impromptu de son employeur cherchant subrepticement à savoir s'il est à son poste de travail ? « Ta connexion Internet fonctionne-t-elle correctement ? As-tu bien reçu le mail que t'a adressé Mme X ? » Une sorte de pointage qui ne dit pas son nom ! Contrairement aux apparences, l'employeur n'a pas abandonné l'exercice de son pouvoir. Il est certes de plus en plus difficile de diriger le travail du salarié, de lui dicter ce qu'il doit faire et comment il doit le faire, de surcroît avec des tâches qui requièrent des compétences et des techniques de plus en plus élaborées. La plupart des entreprises n'ont pas pour autant renoncé à contrôler. Tableaux à remplir, logiciels de gestion, de suivi des temps de travail, écrans de contrôle... La mode du *reporting* pollue le travail de nombre de salariés en leur demandant chaque semaine, parfois chaque jour, les résultats obtenus, les actions menées ou les clients contactés.

S'il est loin d'être sur le déclin, le contrôle change de nature. Du contrôle de l'activité du salarié, inhérent à l'approche classique de la subordination, on passe en effet à la surveillance, par l'accès distant aux mails et SMS, par l'ouverture de la caméra de l'ordinateur ou du téléphone portable, par les logiciels de *keylogging* et, sans doute demain – le phénomène est d'ores et déjà présent en Belgique, aux États-Unis et en Suède –, par l'activation de puces insérées sous la peau du salarié. Près de 80 % des employeurs américains déclarent avoir recours à des outils de surveillance pour contrôler la performance de leurs salariés, leurs e-mails et sites consultés sur Internet[1]. Un chiffre d'ores et déjà impressionnant alors que les techniques de surveillance vont sans nul doute continuer à se sophistiquer dans les décennies à venir ! Le phénomène n'est pas près de se tarir. Favorisé par la volonté de surveiller des salariés invisibles à l'œil nu, le marché de la surveillance a explosé en même temps que le télétravail et, même si la souplesse du cadre juridique aux États-Unis explique en partie ce chiffre, le fait que 96 % des entreprises américaines disent avoir mis en place une surveillance à distance de leurs télétravailleurs en dit long sur l'ampleur du phénomène[2]. Un phénomène également en plein essor en France où un peu plus de 60 % des entreprises affirment utiliser des outils de surveillance au travail[3]. Le contrôle ne fait pas que changer de nature. Il est aussi plus intrusif qu'il n'a jamais été. On se croit libre de ses faits et gestes grâce à la distance que permettent les techniques de communication ou parce qu'un supérieur hiérarchique ne dicte plus physiquement et visuellement chacune des tâches à accomplir. Il n'y a là que pure illusion.

Technologies sans limites

La pointeuse mécanique, sous forme de carte à perforer à l'entrée et à la sortie de l'usine, l'horodateur ou encore le marquage manuel sur des fiches de présence sont d'un autre temps. Sans avoir disparu (le supérieur hiérarchique continue à surveiller ; quelques rares entreprises font encore appel à un détective privé pour surveiller, voire piéger leurs salariés malgré un cadre légal défavorable), la surveillance humaine paraît, elle aussi, indigente en comparaison de ce dont est capable la surveillance technologique. L'oreille de l'employeur est aujourd'hui assistée, parfois remplacée, par des dispositifs d'enregistrement des conversations des salariés dotés de capacités de stockage quasi illimitées par compression de fichiers ou mise sur un cloud de stockage. L'œil du manager est, quant à lui, remplacé par celui de la caméra installée dans les couloirs de l'entreprise ou, depuis que les PC et Mac portables devant lesquels nombre de salariés passent l'essentiel de leur journée en sont équipés, par celui de la webcam. Certains managers n'hésitent pas à demander aux membres de leur équipe d'ouvrir leur caméra toutes les quinze minutes, lorsqu'ils n'exigent pas d'eux de la garder allumée en permanence pour s'assurer qu'ils sont bien à leur poste de travail.

S'il était aisé pour le salarié de se prémunir contre l'intrusion de son supérieur hiérarchique dans sa sphère privée à une époque où une telle intrusion supposait de franchir les portes du domicile, les murs de la maison sont perméables aux outils modernes de surveillance, capables de s'y introduire de manière clandestine, sans possibilité aucune pour le salarié profane de s'en rendre compte. L'entreprise est en capacité – à défaut d'être en droit – d'ouvrir à distance la caméra de l'ordinateur professionnel installé au domicile de son salarié, d'enregistrer ses conversations, de savoir à la virgule près ce qu'il écrit. Quoi de plus efficace pour tracer un salarié que d'enregistrer à son insu la totalité des frappes qu'il effectue sur son clavier d'ordinateur ! C'est ce que permet le *keylogging*, sous forme de matériel ou d'un logiciel pouvant être exécuté en arrière-plan de l'ordinateur sans être décelé.

L'arrivée d'Internet et de la messagerie électronique a rendu visible, et donc contrôlable, toute une partie cachée de l'activité du salarié, à commencer par son courrier. Là où il était matériellement impossible d'ouvrir systématiquement les enveloppes reçues et postées par le salarié, il est relativement facile, dès lors que l'entreprise dispose de la technologie pour ce faire, de lire à distance les mails et SMS envoyés par lui à partir de ses outils professionnels. Les entreprises sont en capacité d'interdire à leurs salariés l'accès à certains sites, typiquement YouTube ou les sites pornographiques, mais aussi de savoir lesquels ils ont visités et, le cas échéant, de faire des captures d'écran à distance pour pouvoir s'en prévaloir ultérieurement. Rien n'échappe à la surveillance technologique puisque les supports connectés à l'ordinateur peuvent en être également la cible, que ce soit la clé USB, le disque dur externe ou l'imprimante.

Les traceurs et autres capteurs, dont le GPS constitue l'application la plus connue, présentent l'attrait supplémentaire de suivre le salarié où qu'il se trouve, y compris lorsqu'il n'est pas à son poste de travail. Avec un dispositif peu sophistiqué, l'employeur peut savoir où se situe son salarié à telle heure, combien de temps et où il fait sa pause. Il peut enregistrer les horaires d'entrée et de sortie de telle zone et, le cas échéant, recevoir une alerte s'il n'est pas à l'heure convenue à l'endroit requis. Les affaires de géolocalisation portées devant les juridictions françaises et européennes concernent des surveillances pendant mais aussi, et surtout, en dehors des heures, voire des jours de travail, avec des exemples de plus en plus nombreux de salariés sanctionnés après avoir été confondus par le dispositif de localisation présent dans leur véhicule de fonction. C'est ce qui est arrivé à ce chauffeur mis à pied puis licencié pour faute grave après le recueil des données de géolocalisation de son véhicule de fonction obtenues hors temps de travail. Son employeur avait constaté qu'il effectuait 250 kilomètres quotidiens en sus des heures de travail qu'il déclarait, pour, selon ses dires, rendre visite à sa mère gravement malade[4]. Même à des centaines, voire des milliers de kilomètres de son entreprise, le chauffeur est sous contrôle !

Les systèmes les plus élaborés permettent d'aller plus loin encore dans le degré de surveillance. L'entreprise qui y met les moyens financiers peut calculer la cadence de travail, mesurer les pics d'occupation des espaces de travail, apprécier l'occupation moyenne de tel siège par jour, détecter les mouvements dans un bureau, une salle de réunion ou une salle des marchés, mesurer la vitesse à laquelle les salariés se déplacent, suivre leurs mouvements au mètre près, évaluer l'importance des interactions avec leurs collègues et la qualité de leurs conversations... Sanofi s'est ainsi vu reprocher une surveillance permanente par le biais d'une puce RFID installée sur le porte-badge de ses salariés, captant et enregistrant leurs déplacements, quels que soient le moyen de locomotion (en voiture, à pied, etc.), le lieu où ils se rendent et l'objet du déplacement (pause café, pause déjeuner, pause cigarette, pause pipi…). Si un salarié va chercher cinq cafés dans la journée, son employeur le saura, tout comme il sera au courant des allers-retours aux toilettes et du temps passé dans l'espace fumeurs. Il le saura d'autant plus qu'il n'est plus de lieu où l'on ne soit capable d'installer un capteur : le bureau, le siège, le véhicule, le porte-badge mais aussi, désormais, le corps du salarié.

La première implantation d'une puce sous-cutanée, de la taille d'un gros grain de riz et fonctionnant sans limite de temps car sans pile ni batterie, remonte à 2005. Amal Graafstra s'était implanté dans la main gauche une puce RFID pour accéder à son bureau, à son domicile, ouvrir les portes de sa voiture et se connecter à son ordinateur. On commence à voir des entreprises les implanter sous la peau de leurs salariés. Plus besoin de badger ! Ces puces sont détectées par des capteurs proches et permettent l'ouverture de portes, le paiement de consommations dans la cafétéria d'entreprise, l'identification du salarié pour l'accès à son ordinateur ou la mise en route du photocopieur[5]. En avant-garde, certaines entreprises suédoises les ont utilisées pour contrôler le passe sanitaire pendant la crise du Covid-19. À quelle forme d'autonomie peut aspirer celui qui est relié ou connecté, jusque dans sa chair, à son entreprise, mais aussi celui dont tout, même les émotions, peut être connu en temps réel ?

La surveillance technologique n'est pas, en effet, seulement plus sophistiquée que la surveillance humaine. Elle permet, bien au-delà des capacités de la mémoire humaine, le recueil d'une quantité presque infinie de données portant non pas simplement sur l'activité du salarié, mais aussi et surtout sur sa personne. Des données d'ores et déjà disponibles en ligne (l'entreprise va « googliser » son actuel ou futur salarié selon l'expression consacrée), mais que l'entreprise peut aussi recueillir elle-même, directement ou par l'intermédiaire d'un prestataire extérieur, en constituant sa propre base de données : heures d'arrivée et de départ, cadences de travail, d'envois ou de réception de mails, géolocalisation, analyse des comportements ou encore nombre d'enfants à charge, statut marital et autres opinions politiques. Aujourd'hui, l'employeur, qu'il en ait ou non le droit, est en mesure de tout savoir, ou presque, de son salarié. Il peut connaître dans les moindres détails son état physique et psychique, jusqu'à constituer des gabarits biométriques en mémorisant ses caractéristiques morphologiques (empreinte digitale, forme de la main, iris…), biologiques (ADN, urine, sang…) et comportementales (démarche, dynamique de tracé de signature, état de stress, de confiance en soi…). Avec un casque à capteurs cérébraux, la tristesse, la colère, le stress, la fatigue des salariés sont à portée de clic et peuvent faire l'objet d'un traitement automatisé. Un traitement qui permet, avec une précision qui croît avec la quantité de données collectées, d'orienter la politique de formation de l'entreprise, de définir le profil des candidats à recruter ou encore de disposer d'un modèle prédictif des départs !

Les salariés entrent en résistance !

On est aujourd'hui incontestablement entré dans la société de surveillance tant redoutée par Michel Foucault, avec des moyens technologiques sans rapport aucun avec ce qu'ils étaient lorsque ce grand philosophe s'inquiétait déjà de la surveillance dans les prisons, dans les ateliers de fabrication, les casernes[6]… Doit-on s'attendre, dans les années à venir, à une bataille de la surveillance, alors que les salariés commencent à s'équiper de dispositifs antisurveillance, pour certains rudimentaires, pour d'autres développés par des start-up qui, en dehors de tout cadre légal, ont compris qu'existait là un potentiel marché ?

Pas besoin de faire appel à une technologie avancée pour installer le bougeur de souris, popularisé lors du confinement lié au Covid-19 ! Dans sa forme artisanale, il s'agit de simuler un mouvement de la souris en accrochant celle-ci à un ventilateur. Il n'est pas davantage nécessaire de faire appel aux technologies innovantes pour mettre en pratique l'idée de cette diplômée de physique qui explique pouvoir feindre le logiciel de surveillance de l'entreprise en plaçant sa souris dans un verre transparent de sorte que le rayon lumineux se reflète dans le verre et fasse continuellement bouger le curseur sur son écran[7]. Il en va de même de la technique encore plus rudimentaire du *frozen face* qui consiste à simuler un problème de connexion en arrêtant de bouger totalement.

Le marché de la surveillance propose, de son côté, des bougeurs de souris sous forme de clé USB ou de support mobile sur lequel poser sa souris. L'objectif est, à chaque fois, d'empêcher l'écran de se mettre en mode veille et ainsi de contrer les applications de surveillance qui donnent au salarié le statut d'« absent » lorsque la souris de son ordinateur est restée immobile pendant un nombre déterminé de minutes. Certains vendeurs ne s'en cachent pas, et présentent leur bougeur de souris comme indétectable et ne nécessitant pas d'installer un logiciel. Car la contre-surveillance par logiciel présente le risque pour le salarié qui l'utilise d'être repérable par son employeur qui a accès aux données figurant sur l'ordinateur professionnel de ses salariés et de l'exposer à une sanction disciplinaire pouvant aller jusqu'au licenciement.

Même si elles constituent un épiphénomène, ces stratégies de contre-surveillance sont révélatrices des tensions qu'abrite aujourd'hui la surveillance, avec un écart souvent béant entre la fonction affichée d'un dispositif et sa fonction réelle.

Face visible contre face cachée

D'un objet dont la fonction est *a priori* bien délimitée, on peut tirer de multiples usages, licites pour certains, illicites pour d'autres. La voiture peut servir d'instrument de mobilité mais aussi, pour les personnes sans abri, de logement et, pire, constituer pour les terroristes une arme de destruction. Le domicile peut être aussi bien un lieu de vie qu'un lieu de travail. Sujette aux usages multiples (mesurer les horaires, contrôler la sécurité, scruter les émotions...), la surveillance a surtout cette caractéristique d'avancer souvent masquée, non pas que l'employeur poursuive nécessairement une finalité illicite, mais parce qu'il ne veut pas afficher qu'il surveille ceux qui travaillent pour lui ou, à tout le moins, dans quelle finalité il les surveille.

Dans le cas spécifique des plateformes, dont le *business model* repose sur l'évitement du salariat, l'enjeu est décuplé puisque admettre qu'elles contrôlent leurs travailleurs facilitera la requalification des contrats qui les lient à eux en contrats de travail. Parce qu'un système de surveillance sonne faux au regard du statut de travailleur indépendant, toutes développent la même argumentation qui consiste à présenter la géolocalisation qu'elles pratiquent sur leurs chauffeurs et livreurs comme un outil d'assistance, non de surveillance. Le système de géolocalisation « n'est utilisé que pour mettre les chauffeurs en contact avec le client le plus proche, assurer la sécurité des personnes transportées et déterminer le prix de la prestation[8] », développe Uber devant les juges français. Argumentation reprise quasiment au mot près par les plateformes Bolt et LeCab dans les contentieux qui les opposent à leurs travailleurs.

Les entreprises plus traditionnelles, qui fonctionnent sur la base du salariat, ne vont pas pour autant admettre ouvertement qu'elles surveillent leurs salariés. L'objectif affiché sera d'optimiser l'efficacité de l'organisation en identifiant les heures supplémentaires du salarié, ses heures de connexion et de déconnexion, ses périodes d'activité et d'inactivité, de mesurer sa productivité, d'améliorer la qualité de son travail… Hubstaff, l'un des principaux programmes de surveillance, se vante de pouvoir calculer le temps de travail effectif des télétravailleurs en passant par la géolocalisation de leur téléphone et l'enregistrement du temps passé sur chaque application. Le tout est concrétisé par l'envoi de rapports quotidiens à destination des managers, dans un but affiché d'amélioration de la productivité.

Dans la plupart des cas, l'enregistrement des appels du salarié vise, suivant un discours managérial bien rodé, à améliorer la satisfaction des clients, à analyser les temps de réponse par salarié ainsi qu'à mesurer le nombre d'appels traités. Le remplacement du badge électronique par une puce RFID pour accéder au lieu de travail constitue également, en apparence, une mesure de simplification de l'organisation de l'entreprise. Il en va de même de l'utilisation de logiciels de géolocalisation pour créer, de façon automatique, des feuilles d'horaires qui serviront à décompter le temps de travail des salariés itinérants ou de ceux effectuant des trajets fréquents entre deux lieux de travail, puisque le temps de trajet entre deux lieux de travail, au contraire du temps de trajet domicile-travail, constitue un temps de travail et doit être rémunéré comme tel. Sanofi justifie le recours à la puce RFID par le besoin de « gérer de façon simplifiée l'occupation de l'espace, comme la disponibilité des salles de réunion, des bulles, les heures d'affluence aux restaurants d'entreprise[9] ».

Autre finalité souvent mise en avant, car en phase avec les nécessités du contrôle : protéger la santé et la sécurité des salariés. On se rappelle la mise en place dans certaines entreprises, comme dans certains lieux publics, de caméras thermiques afin d'identifier les salariés fiévreux, susceptibles d'être porteurs du Covid. Mais jusqu'où les entreprises vont-elles aller lorsqu'on sait que le Life System, utilisé dans le secteur du transport, va jusqu'à mesurer l'activité cérébrale et cardiaque du chauffeur ? Une alerte se déclenchera s'il en ressort une fatigue prononcée, une diminution de la capacité de concentration, un état de somnolence… Sécurité des personnes mais aussi sécurité informatique ! Les employeurs peuvent vouloir se prémunir de poursuites pénales et ainsi éviter qu'un salarié utilise sa messagerie électronique professionnelle pour envoyer, dans des conditions permettant d'identifier l'entreprise, un courriel contenant des propos racistes ou antisémites[10].

Surveiller et punir

L'usage de la surveillance est souvent bien différent de la fonction affichée, puisqu'elle servira, sous couvert d'objectifs d'efficacité ou de sécurité, à fonder une sanction disciplinaire.

Une enquête menée par la plateforme américaine ResumeBuilder auprès de 1 000 entreprises rapporte que 73 % des employeurs interrogés ont procédé à des licenciements en raison des données recueillies par un logiciel de surveillance, et que 69 % ont vu un ou plusieurs de leurs salariés démissionner parce qu'ils refusaient d'être surveillés[11]. La surveillance constitue une aide précieuse au pouvoir disciplinaire de l'employeur, surtout lorsqu'elle est clandestine. Les contentieux de plus en plus fréquents montrent que nombreux sont les employeurs qui se dispensent de leur obligation d'informer préalablement les salariés qu'ils sont surveillés, précisément parce qu'ils font de la surveillance un usage disciplinaire. Ils le feront d'autant plus volontiers que, d'une part, la surveillance à des fins de sanction est autrement plus efficace lorsque le salarié ne sait pas qu'il est surveillé, d'autre part, suivant une jurisprudence très discutable, une preuve illicite ou déloyale, par exemple un enregistrement clandestin, peut être produite devant un juge lorsqu'elle est le seul moyen pour l'employeur de prouver la faute du salarié et qu'elle ne porte pas une atteinte disproportionnée à son droit au respect de la vie personnelle.

Grâce à la surveillance, aucun risque de passer à côté d'un agissement fautif de son salarié, si discret soit-il ! Quoi de plus efficace que de le filmer en permanence au moyen d'une caméra équipée d'un micro ? Quoi de mieux pour éviter que le postier s'écarte de sa route pour prendre un café au bistrot du coin ou saluer une connaissance que de lui imposer le port d'un boîtier enregistrant sa localisation toutes les dix secondes ? Même si ces pratiques sont prohibées en raison de la gravité de l'atteinte portée au droit des salariés au respect de leur vie personnelle, elles sont emblématiques des usages possibles de la surveillance à des fins de discipline. Le phénomène n'est d'ailleurs pas si nouveau qu'il paraît. Pour preuve, la scène des *Temps modernes* qui voit, dans les années 1930, Charlie Chaplin se réfugier aux toilettes pour fumer sa cigarette et son contremaître apparaître sur un écran, lui enjoignant de reprendre immédiatement le travail. Fort heureusement, ce qui aurait pu être admis à l'époque est aujourd'hui en totale contradiction avec les principes qui gouvernent la surveillance des salariés. Impossible de filmer les zones de pause ou de repos, le local syndical ou les toilettes ! Et même si c'est à des fins de sécurité (risque d'incendie par exemple), non à des fins disciplinaires, le recours à la surveillance sera interdit si une alternative moins intrusive, par exemple la pose d'un détecteur de fumée, existe. Suivant ces mêmes principes, il est bien évidemment illicite d'utiliser le GPS du smartphone de son télétravailleur à son insu pour s'assurer qu'il n'est pas devant l'école de sa fille alors qu'il est supposé être à sa table de travail.

La problématique n'est pas que française. La condamnation d'un employeur néerlandais pour le licenciement d'un télétravailleur qui avait coupé sa caméra, alors que son employeur avait exigé qu'il la laisse allumée en continu pendant deux jours de formation virtuelle, aurait aussi bien pu être prononcée par un juge français. Il en va de même pour cette salariée canadienne, tenue d'indemniser son ancien employeur pour

« vol de temps[12] ». Elle avait été surprise par un logiciel de surveillance en flagrant délit de fausse déclaration des heures passées à travailler. Ce type de condamnation est concevable en France, sur le fondement de l'abus de confiance, lorsque le temps a été utilisé pour détourner la clientèle et user des moyens de l'entreprise à cette fin.

Plus classiquement, le logiciel de surveillance enregistrera les conversations téléphoniques des salariés, officiellement à des fins d'amélioration de la qualité du service, en réalité afin de détecter d'éventuelles fautes ou insuffisances professionnelles. C'est ce qu'a vécu cette salariée de la MAIF, licenciée sur la base de données recueillies par un logiciel de surveillance qui a révélé qu'elle raccrochait au nez de clients qui appelaient pour déclarer un sinistre ou recueillir des informations sur l'état de leur dossier.

Plus on bascule sur la fonction disciplinaire, plus les enjeux sont importants, puisque la surveillance va servir à fonder une décision causant un préjudice au salarié, jusqu'au licenciement. Un membre de la direction se connecte sans prévenir à une réunion Teams. La plateforme de livraison utilise l'application de géolocalisation de l'un de ses livreurs, supposée permettre une répartition optimale des courses entre les différents livreurs, pour repérer ses pauses non prévues ou l'utilisation de son véhicule le soir et le week-end. Les caméras installées dans le véhicule du chauffeur d'Amazon signalent en temps réel le non-respect d'un stop, les excès de vitesse et la conduite distraite. Que dire du message devenu viral de cette conductrice d'Amazon : « Si je veux boire une gorgée de mon café, je dois me garer pour pouvoir l'attraper et le boire, car si je le fais en conduisant, c'est un conducteur distrait, ce qui est une infraction. Je ne peux pas toucher la console centrale, sinon c'est une infraction de distraction du conducteur[13] » ! On peut difficilement imaginer pire atteinte à la capacité d'autodétermination de l'individu que cette attitude consistant à épier son travailleur jusqu'au plus petit geste, l'exposant au moindre écart à un rappel à l'ordre, voire une sanction. Les informations collectées vont permettre, *via* un logiciel, de calculer le score de conduite du livreur et de réduire ou supprimer ses primes en fonction des résultats obtenus, sur la base d'un taux d'enlèvement de la ceinture de sécurité, d'un taux d'excès de vitesse, d'un taux d'infractions à la signalisation, d'un taux de distraction et d'un taux de respect des distances de sécurité.

Certes, une telle politique est impossible en France du fait de la prohibition des sanctions pécuniaires (on ne peut réduire une prime au seul motif que le salarié a commis une faute). Il est cependant aisé de constater que des dispositifs présentés par le leader mondial de l'e-commerce comme des aides à la sécurité de son réseau de livraison, constituent aussi et surtout de redoutables outils disciplinaires. Les boîtes noires dotées de capteurs de chaleur et de mouvements en temps réel posées par certaines banques et journaux britanniques sous les bureaux de leurs employés et journalistes se sont, elles aussi, vu reprocher de servir de « mouchard[14] ». Le capteur vise officiellement à déterminer le taux d'occupation d'une pièce, mais il sert aussi à surveiller la présence des personnes à leur poste de travail. Dans la même veine, La Samaritaine s'est vu reprocher d'avoir utilisé les détecteurs de fumée pour abriter de discrètes caméras de vidéosurveillance[15].

Bon nombre d'entreprises surveillent pour punir, mais sans le dire. Jared Spataro, titulaire d'un poste à responsabilité chez

Microsoft, affirmait haut et fort que le score de productivité calculé par le logiciel Microsoft 365 « n'est pas un outil de surveillance du travail. Son but est de promouvoir de nouvelles façons de collaborer et d'inciter les travailleurs à mieux profiter de leurs expériences technologiques[16] ». Face aux critiques, Microsoft a pourtant été contraint de corriger le tir ! Le score de productivité a été remplacé par un score d'adoption, avec la promesse que personne dans l'entreprise cliente ne pourra utiliser le nouveau score pour accéder à des données personnelles. Les exemples foisonnent. Que dire des badgeuses photo, vouées en principe, comme les badgeuses classiques, au contrôle des horaires des salariés ? Lorsqu'on sait qu'elles prennent entre deux et quatre photos par jour, et que l'IA est capable d'identifier jusqu'à onze émotions à partir d'une photo[17] (motivation, satisfaction, stress, etc.), on conçoit aisément les détournements possibles jusqu'à se servir de la photo pour « confronter les dires du salarié lors d'un entretien de fin d'année à un rapport émotionnel annuel[18] », comme le ferait un détecteur de mensonges. La question est à ce point sérieuse que la Commission nationale de l'informatique et des libertés (CNIL), dans son guide sur le recrutement, dénonce la pratique de certaines entreprises consistant à demander aux candidats à l'embauche de produire un enregistrement audio et vidéo pour pouvoir analyser, à partir du flux d'images et de son, leurs émotions.

Le plus souvent masquée, la fonction disciplinaire de l'outil de surveillance se fait parfois explicite. Clever Control ne fait pas dans la dentelle, qui prétend « détecter les fainéants » en prenant en photo les travailleurs *via* leur webcam et en enregistrant leurs conversations audio, tandis que ActivTrak quantifie le temps passé par un salarié sur des sites « non productifs ». Aux États-Unis, certaines entreprises, à l'image de la banque Axos Financial, ont signifié à leurs salariés qu'elles effectueraient à des intervalles donnés (toutes les 10 minutes pour cette banque) des captures d'écran de leurs ordinateurs pour éviter que des « individus abusent des horaires flexibles[19] ».

Les exemples pourraient être multipliés qui tous montreraient l'incongruité à espérer, si rien ne change, une autonomie respectueuse des droits humains : non seulement, bien sûr, le droit au respect de la vie personnelle mais aussi, dans les situations les plus intrusives, le droit au respect de la dignité humaine ! Que veut dire être libre de définir son emploi du temps si cette liberté s'accompagne de captures d'écran, d'écoutes ou d'obligations de *reporting* quotidiennes ? Les salariés ne seront jamais autonomes s'ils sont sous laisse électronique, connectés en tout lieu et en tout temps à leur entreprise. Ils ne le seront pas davantage s'ils sont astreints à des objectifs nécessitant une charge de travail telle que l'autonomie devient une sujétion permanente à l'entreprise.

CHAPITRE 3

Du temps aux objectifs

L'autonomie telle qu'elle est pratiquée aujourd'hui a une autre face cachée. L'entreprise, pour compenser la liberté du salarié dans l'organisation de son temps de travail, va lui assigner des résultats à atteindre, avec une charge de travail qui ne dépendra plus du nombre d'heures inscrites dans le contrat de travail mais d'objectifs à réaliser. Pour une part sans cesse croissante des salariés, la journée de travail se vit avec des objectifs à remplir. On retrouve sans surprise ce schéma dans bon nombre d'entreprises libérées qui compensent l'autonomie dans l'organisation du travail par la définition d'objectifs à atteindre, ce qui est une manière indirecte de garder le contrôle sur les salariés. Comme cela a été écrit, « l'accent est mis sur le ou les objectifs à atteindre, non sur la manière d'y arriver[1] ».

Mais le phénomène dépasse très largement l'entreprise libérée. Le travail aux objectifs constitue pour les 90 % d'entreprises qui le pratiquent, sous une forme ou une autre, la garantie d'un niveau élevé d'engagement au travail. Un niveau qu'elles sont aujourd'hui, avec l'appui d'algorithmes de plus en plus sophistiqués, capables de définir avec une précision et des possibilités d'adaptation sans précédent. Ce phénomène a d'autant plus vocation à prospérer qu'il est parfaitement en phase avec une culture dont le salariat a longtemps été préservé. La culture du résultat a désormais envahi les rapports de travail sans être uniquement réservée aux salariés autonomes dans l'organisation de leur emploi du temps, c'est-à-dire aujourd'hui principalement les cadres. Certes, la réalisation des objectifs n'a pas la même portée pour le livreur de La Poste qui perçoit chaque année un « bonus colis » en fonction de critères de performance individuelle et collective que pour un directeur général dont une part essentielle de la rémunération est fonction des objectifs atteints et qui joue son poste s'il n'atteint pas ses objectifs ! Tout type de métier est cependant concerné, y compris ceux exercés par des salariés qui sont privés de ce qui devrait être la contrepartie du travail aux objectifs, à savoir la capacité de peser sur les conditions nécessaires à la réalisation desdits objectifs. Peut-on faire plus injuste que d'imposer des objectifs à un salarié dont le travail se résume à appliquer les ordres et directives de son supérieur hiérarchique, sans aucune capacité d'initiative pour les corriger s'il estime qu'il fallait procéder tout autrement pour les atteindre ?

Une nouvelle époque

La place aujourd'hui occupée par le travail aux objectifs n'a rien d'évident étant donné le lien historique entre salariat et temps de travail. Le travail salarié s'est en effet construit en faisant du temps l'instrument de mesure de la rémunération, une source essentielle de protection de la santé des salariés et la principale limite à l'emprise de l'employeur sur la vie personnelle de ses salariés. L'idée derrière cette conception traditionnelle du rapport de travail est qu'une fois le temps de travail écoulé, le salarié n'est plus sous la subordination de son employeur.

On ne sera pas surpris, au vu de ce qui précède, que la législation sociale ait débuté par un encadrement du temps de travail, en réaction à des rapports accablants publiés au milieu du XIXe siècle qui dénonçaient, entre autres, un nombre inhumain d'heures de travail. De la réduction du temps de travail, dont la dernière étape – et peut-être pas ultime alors que l'on discute dans certains cercles des 32 heures – a été la loi Aubry sur les 35 heures, on a ensuite basculé, à la fin du XXe siècle, sur une tout autre philosophie, celle de l'aménagement du temps de travail. Le débat sur la semaine des quatre jours le montre très bien, avec pour ambition première non pas de réduire le temps de travail – même si beaucoup font le lien avec le débat sur les 32 heures –, mais de répartir autrement les 35 heures de travail sur la semaine. Pour preuve, l'usage très remarqué de l'expression « en » quatre jours de préférence à celle de semaine « de » quatre jours par Gabriel Attal lorsqu'il proposait, début 2024, de lancer une grande expérimentation sur le sujet. Les accords collectifs sur le télétravail, dont le nombre est, sans surprise, en forte hausse depuis la crise du Covid-19, illustrent d'une autre manière cette bascule d'une politique de réduction vers une politique de flexibilisation du temps de travail. Beaucoup de ces accords permettent au salarié d'aménager lui-même son temps de travail à la condition de respecter les plages horaires, encore appelées plages de connexion. « Le télétravailleur organise son travail à sa guise en respectant les horaires de travail et les temps de pause ; le télétravail s'effectue obligatoirement du lundi au vendredi entre 8 heures et 19 heures », prévoit un premier accord, tandis qu'un second énonce que « pendant les jours de télétravail, le télétravailleur pourra librement organiser son temps de travail sous réserve de respecter les plages horaires de travail suivantes : 10 heures-12 heures/14 heures-17 heures pendant lesquelles il doit être possible de le joindre[2] ». Ce type de clause n'a pas pour objet de réduire, mais bien de flexibiliser le temps de travail en rendant le télétravailleur partiellement autonome dans l'organisation de son emploi du temps.

Cette bascule ne s'explique pas seulement par une volonté politique de flexibiliser les rapports de travail. Elle tient aussi au fait que le temps de travail n'est plus une clé de mesure infaillible du travail. Toute une série de facteurs en sont responsables, à commencer par la plus grande autonomie des salariés dans l'organisation de leur emploi du temps et la capacité qu'ont les entreprises de rester connectées à leurs salariés à tout moment et en tout lieu. La difficulté à délimiter ce qui est temps de travail et ce qui ne l'est pas est aujourd'hui une donnée irréfutable, même si les conclusions qui en sont parfois tirées sont, elles, discutables.

Comment appréhender la situation du salarié en pause mais tenu de conserver son téléphone mobile professionnel afin de rester joignable et de pouvoir répondre en cas d'urgence ? Comment traiter de la situation de celui qui met en route, dans le cadre de son travail, un téléchargement qui durera un quart d'heure et qui, pendant ce laps de temps, regarde un passage de sa série préférée ? Le salarié qui, pendant son petit déjeuner, lit les e-mails reçus la veille au soir est-il déjà à la disposition de son employeur ? Le salarié en télétravail qui échange à intervalles réguliers des mails avec ses collègues de 8 heures à 21 heures est-il, pendant tout ce laps de temps, en temps de travail effectif ? Le phénomène n'est pas nouveau. Cela fait longtemps que l'on a des contentieux sur le temps de présence des aidants aux côtés de la personne endormie dans les métiers du *care*, les temps de garde des infirmières, le temps d'attente du serveur entre deux services ou celui du livreur qui attend une nouvelle course, sans pouvoir vaquer librement à ses occupations personnelles, car il doit être en capacité de répondre immédiatement au prochain appel.

Le temps hors jeu

Ces situations, qui n'ont aujourd'hui rien d'exceptionnel, perturbent considérablement la mesure du temps de travail avec des conséquences directes à la fois sur le calcul de la rémunération et sur le respect des temps de repos. Signe des évolutions du travail, on voit apparaître dans les conventions collectives des temps inconnus il y a encore quelques années. Les temps de connexion et de joignabilité ont ainsi fait leur apparition pour prévenir une mise à disposition permanente des salariés, à la demande de l'entreprise ou de ses clients. Les salariés devront être connectés ou joignables pendant ces périodes et seront libres de faire ce que bon leur semble le reste du temps. Aujourd'hui le temps de travail, demain le temps de trajet ? La frontière entre ces deux temps commence à être un sujet de discorde alors que les techniques de communication permettent de participer à des réunions dans son véhicule ou dans le train. Si demain la voiture autonome devient un bureau mobile, en quelque sorte une annexe de l'entreprise, la distinction entre temps de travail et temps de trajet n'aura tout simplement plus de sens.

Ces difficultés à appréhender le temps de travail font qu'un nombre croissant d'entreprises cherchent à se départir purement et simplement du décompte du temps. On n'est plus alors seulement sur une revendication d'aménagement et de flexibilité, qui a été largement satisfaite par les évolutions de la législation du travail des vingt dernières années. Les 35 heures ne sont plus, à supposer qu'elles l'aient jamais été, ce que beaucoup aiment montrer du doigt comme le symbole d'un modèle social français sclérosé. Elles peuvent aujourd'hui être calculées non plus sur la semaine, mais sur une période supérieure pouvant aller, en cas d'accord collectif, jusqu'à un an. Concrètement, l'entreprise pourra adapter la durée du travail en fonction des pics d'activité en faisant travailler les salariés concernés moins de 35 heures par semaine les mois creux et au-delà les autres mois, le tout étant d'arriver à une moyenne de 35 heures sur l'année. Aucune heure supplémentaire ne sera due.

On cherche désormais à s'affranchir purement et simplement des contraintes liées au décompte du temps de travail. Si les cadres dirigeants (le directeur général, le directeur financier, le DRH lorsqu'il n'a pas à en référer pour ses décisions au DG…) sont purement et simplement exemptés de la législation sur le temps de travail, le décompte du temps est secondaire pour les nombreux salariés dont la durée du travail se compte en jours. Le salarié va travailler un certain nombre de jours sur l'année, définis dans une convention individuelle de forfait qu'il conclura avec son employeur, sans que sa rémunération soit impactée par le nombre d'heures quotidien. Tenu par un nombre de jours à effectuer, le titulaire d'un forfait jours n'a donc plus de cadre horaire et ne peut prétendre au paiement d'heures supplémentaires au-delà de 35 heures, puisque sa rémunération est forfaitisée en jours. Comme nous l'avons vu précédemment, un tel dispositif permet aux salariés d'être autonomes dans l'organisation de leur temps de travail. Pour les entreprises, il y a là le moyen d'alléger le contrôle du temps de travail et d'assigner aux salariés concernés des objectifs dont la réalisation n'est pas tributaire d'un nombre d'heures de travail prédéfini. Sans surprise, la tentation existe chez certains d'élargir le champ du forfait jours, actuellement à destination principalement des cadres, pour l'appliquer à l'ensemble des télétravailleurs ! Ne parle-t-on pas de « jours » de télétravail plutôt que d'« heures » de télétravail ?

Alors qu'un nombre sans cesse croissant de salariés aspirent à être autonomes, l'idée même d'un contrôle du temps de travail fait débat. Ce contrôle serait d'une autre époque. Une époque à laquelle il était facile de délimiter les pauses, de savoir à un instant *t* ce que faisait le salarié et où il se trouvait. Comment, aujourd'hui, *a fortiori* pour des travailleurs qui exercent leur activité à domicile et pour ceux qui cumulent plusieurs emplois, ce qui est de plus en plus fréquent, prouver le respect des 11 heures de repos quotidien, des 24 heures de repos hebdomadaire ou des règles sur le travail de soirée et de nuit ? La pression exercée côté patronal est, pour l'heure, restée vaine, d'autant que le droit européen exige la mise en place d'un système objectif, fiable et accessible de mesure du nombre d'heures effectuées par chaque travailleur. Même si des outils de contrôle du temps de télétravail existent, principalement le badgeage virtuel (le salarié se connecte à son espace personnel pour pointer) et le formulaire d'autodéclaration, avec les limites évidentes inhérentes à ce type de procédures, nombre d'entreprises prennent un risque juridique et renoncent à un contrôle strict du temps de travail des télétravailleurs, faute de vouloir leur interdire de prendre des pauses pour aller chercher leurs enfants à l'école, faire des courses... dès lors que ce temps perdu est récupéré. Le fait que les aménagements du contrôle du temps de travail figurent généralement dans un accord collectif (les fameux « accords Télétravail »), et aient par conséquent reçu l'aval des syndicats majoritaires, diminue le risque contentieux mais ne le supprime pas.

Le télétravail nourrit aujourd'hui les discours les plus critiques sur le temps de travail, avec parmi les cibles privilégiées le régime des heures supplémentaires. Ce n'est pas un hasard si, parmi les propositions formulées par le syndicat d'avocats d'entreprise Avosial pour réformer le Code du travail, figure l'obligation pour le salarié en télétravail de solliciter l'accord exprès de son employeur avant d'effectuer des heures supplémentaires. Actuellement, aussi bien pour les télétravailleurs que pour les autres salariés, la règle est que les heures supplémentaires sont dues lorsqu'elles ont été effectuées avec l'accord exprès ou tacite de l'employeur, ou lorsqu'elles ont été rendues nécessaires par les tâches confiées au salarié. Outre que les juges n'accordent pas ce surcroît d'heures supplémentaires sans avoir vérifié que l'employeur était au courant des dépassements du salarié, auxquels il ne s'était pas opposé, ou que sa charge de travail les imposait, on ne peut pas prendre le risque, en adoptant ce type de propositions, d'ouvrir la boîte de Pandore et de donner naissance à un droit du télétravail. En quelque sorte un sous-droit du travail, moins protecteur, réservé aux télétravailleurs ! Celui qui exerce son activité en télétravail est un travailleur comme les autres, titulaire des mêmes droits, et cela doit rester ainsi.

Les tensions autour de la mesure du temps ont une autre conséquence. Faute de pouvoir ou de vouloir efficacement borner le travail par des contraintes de temps, et de pouvoir ou de vouloir contrôler que le salarié ne passe pas une partie de son temps de travail à la salle de gym ou à regarder sa série préférée, l'entreprise va lui assigner des résultats à atteindre. En fixant des objectifs élevés, parfois volontairement trop élevés, elle s'assure qu'il travaillera le temps nécessaire à leur réalisation, voire plus. Certaines entreprises intègrent dans le barème des primes des taux de réalisation des objectifs à 200 % pour inciter leurs salariés à se surpasser, à travailler encore plus longtemps, encore plus intensément.

Atteindre ses objectifs coûte que coûte

Le glissement du temps vers les objectifs était d'autant moins évident que l'obligation principale du salarié, à savoir exécuter sa prestation de travail, est une obligation de moyen, non une obligation de résultat. Cela signifie que le salarié doit mettre sa force de travail à la disposition de son employeur pendant le temps imparti, et que le seul fait de ne pas atteindre tel résultat (un nombre de ventes par exemple) ne peut lui être reproché. La place centrale qu'occupe le temps de travail dans l'architecture du droit du travail est directement corrélée à l'obligation de moyen qui pèse sur le salarié, très loin de celle de l'entrepreneur à qui on demande d'atteindre un résultat sans se soucier de la façon dont il y arrive, du nombre d'heures qu'il y consacre et du lieu où il l'exécute. L'obligation à laquelle s'engage le salarié consiste à tout mettre en œuvre pour exécuter sa prestation de travail, non à obtenir coûte que coûte le résultat demandé si les moyens qui lui sont accordés ne le permettent pas ou si les directives qu'il reçoit pour ce faire ne sont pas pertinentes au regard de l'objectif poursuivi.

Dans son travail, il doit être compétent et, si tel n'est pas le cas, il peut être licencié pour insuffisance professionnelle. Il se doit également d'avoir un comportement irréprochable et peut être sanctionné s'il commet une faute dans l'exécution de son travail. Il n'a pas, en revanche, à être licencié du seul fait qu'il n'a pas rempli ses objectifs, à moins que cet échec soit dû à une insuffisance professionnelle ou à une faute. Le licenciement pour insuffisance professionnelle est admis, précisément parce qu'il repose sur une conception de l'exécution du contrat de travail comme une obligation de moyen. Même si la pratique montre que certains employeurs présentent comme une insuffisance professionnelle (manque de compétence) ce qui est en réalité une insuffisance de résultats (manque de résultats), le licenciement pour insuffisance de résultats, fondé sur la seule non-réalisation des objectifs, est proscrit : « Vous avez vendu 12 voitures dans le mois alors que votre contrat vous obligeait à atteindre un minimum de 15. » Mettre à la charge du salarié une telle obligation reviendrait à transférer sur la partie faible au contrat de travail les risques de l'entreprise, en contradiction avec l'esprit du salariat. Les risques pèsent sur celui qui exerce le pouvoir, pas sur celui qui y est soumis, contraint de subir la politique économique de son entreprise (par exemple le prix de vente des véhicules est trop élevé par rapport au marché) et d'appliquer les ordres de la direction, quel que soit le jugement qu'il porte sur leur pertinence. Le salarié peut s'opposer aux ordres de la direction lorsqu'ils sont manifestement illégaux ou parce qu'ils suscitent chez lui la crainte d'un danger grave et imminent pour sa vie ou sa santé (ce qu'on appelle le « droit de retrait »). Même autonome, il ne peut refuser de les exécuter parce qu'il les estime contraires à l'intérêt de l'entreprise. Il n'a, dès lors, pas à assumer les conséquences d'une politique ou d'une décision qui va impacter négativement sa capacité à réaliser ses objectifs et à laquelle il n'est pas en droit de s'opposer.

L'impossibilité dans laquelle se trouve l'employeur de licencier pour insuffisance de résultats n'empêche pas qu'il ait le pouvoir de fixer les objectifs de son salarié, et d'en faire un critère de rémunération variable. Sont concernés une entreprise sur deux, et un salarié sur quatre (à majorité les fonctions commerciales [44 %] et dirigeantes [37 %], mais aussi les fonctions production [22 %] et support ou administratives [16 %][3]) qui, par conséquent, va avoir un fixe au niveau du smic ou du minimum conventionnel et un variable tributaire de la réalisation d'objectifs. Il y a là l'idée qu'un salarié rémunéré au mérite sera plus efficace et entreprenant que son collègue exclusivement ou essentiellement rémunéré au temps[4]. Un discours tout aussi présent dans le privé que dans le public, où la rémunération au mérite est présentée comme la réponse à l'image – caricaturale – du fonctionnaire qui en ferait le moins possible pendant le temps qui lui est imparti. Les objectifs sont parfois qualitatifs (satisfaction des clients, cohésion de l'équipe, prises d'initiative, partage d'informations, coopération avec d'autres services de l'entreprise, engagement au sein de l'entreprise...), plus souvent quantitatifs (nombre de ventes, chiffre d'affaires réalisé, nombre d'appels pour prospecter des clients potentiels – d'où la quantité d'appels reçus sur nos téléphones de salariés payés en fonction du nombre de ventes effectives, mais aussi de prospections...), ouvrant grand la porte à la philosophie qui est la cause de la plupart des maux du travail d'aujourd'hui : le culte de la performance.

La performance avant tout

Les salariés se retrouvent avec des chiffres à atteindre, scrutant les tableaux affichés sur l'écran de leur ordinateur, sur les murs de leur bureau ou de l'open space qu'ils partagent avec les membres de leur équipe. Des tableaux qui les informent en temps réel de l'avancement de leurs objectifs, le tout dans le but d'accroître la performance individuelle et collective, et d'œuvrer à l'augmentation du chiffre d'affaires de l'entreprise ! Le capitalisme financier a très largement nourri ce glissement en imposant, de fait, aux entreprises une croissance continue des résultats par rapport à l'année précédente. La performance de l'entreprise est jugée sur sa capacité, non seulement à faire des bénéfices, mais aussi à les faire progresser chaque année. C'est ensuite la croissance du bénéfice qui entraîne celle du cours de l'action et des dividendes versés. Une entreprise dont le bénéfice ne croît pas est exposée à ce que ses actionnaires revendent immédiatement leurs actions, entraînant une diminution du cours de ces dernières. Il faut donc des résultats, très vite, sans attendre.

Pour atteindre ces résultats, on va mettre la pression sur les dirigeants qui la répercuteront sur les salariés, en indexant leur rémunération sur les résultats afin de produire un effet incitatif. Indexation sur la performance individuelle du salarié, mais aussi, à un degré moindre, sur celle de son équipe, ce qui ajoute à la pression puisque les mauvais résultats du salarié impacteront la prime de ses collègues. Indexation, enfin, sur les résultats de l'entreprise à travers l'intéressement et la participation. Dans le pire des cas, les salariés dont les résultats n'atteignent pas les chiffres attendus seront menacés de licenciement. Menace vaine en théorie, comme nous venons de le voir, mais qui suffira à générer l'angoisse de perdre son emploi.

Le critère de performance présente pour l'entreprise l'intérêt d'être à la fois objectif et relativement facile à mettre en œuvre puisqu'il suffira souvent, lorsque les indicateurs sont purement quantitatifs, de lire et comparer des chiffres. Il a surtout profité de l'arrivée d'algorithmes surpuissants, capables d'identifier avec une rapidité et une précision sans précédent la tâche la plus adéquate à accomplir ou l'objectif optimal à assigner au salarié à l'instant *t*. Grâce aux algorithmes, le calcul de performance a changé de dimension. L'algorithme de base qui se contente d'effectuer une somme mathématique (somme (a,b) = a+b) est d'un autre temps. Les ordres, lorsqu'ils existent, vont pouvoir être donnés par des robots et logiciels alimentés par des algorithmes qui vont intégrer en l'espace d'un instant des données d'une quantité et d'une complexité presque infinies. On va écarter le plus possible la décision humaine, jugée irrationnelle (le manager va, consciemment ou non, intégrer dans sa décision des facteurs relationnels), imprévisible et coûteuse (il est évidemment plus économique de confier à un ordinateur la vérification et l'ajustement, parfois quotidiens, des objectifs du salarié ou encore de faire examiner deux cents candidatures par un logiciel plutôt que par un salarié qui y consacrera plusieurs jours de travail). Comment être surpris, dans ce contexte, que la décision algorithmique concurrence la décision humaine pour identifier les candidats les plus aptes à occuper un emploi, décider des promotions, définir leurs objectifs à un instant *t*, diriger leur travail et répartir les tâches entre eux, prendre des décisions concernant la cessation de relations contractuelles ?

Les travailleurs des plateformes et, plus généralement, les livreurs effectuant des tournées sont déjà habitués à voir leur travail dicté par des algorithmes. Ceux-ci vont planifier la tournée à partir de la géolocalisation du véhicule et de divers aléas que l'outil prédit en exploitant quantité de données préexistantes, notamment l'évolution de la circulation en fonction du jour ou de l'heure de la semaine et des conditions météorologiques, le tout pouvant être ajusté en temps réel puisque l'algorithme recalcule en continu. Les chauffeurs Uber doivent suivre le trajet déterminé par l'algorithme et les préparateurs de commandes d'Amazon sont dirigés au sein de leur entrepôt par un robot vocal, lui-même guidé par un supercalculateur qui optimise les déplacements dans les allées et les rayonnages. L'algorithme permet à Uber de trouver de manière quasi instantanée un chauffeur disponible, d'estimer en temps réel l'heure d'arrivée et le temps d'attente qui seront aussitôt communiqués au client. Il permet à Amazon d'optimiser la performance de ses travailleurs en supprimant tout mouvement inutile et en s'assurant que personne ne fait de pause intempestive. L'algorithme Percolata, utilisé dans le secteur de la distribution, va jusqu'à réaffecter en direct et sans intervention managériale les vendeurs en fonction de la performance de chacun et du flux de clients.

Et pour être sûr que le *process* ne rencontre pas de bug et que le salarié est au maximum de ses possibilités, on utilise les techniques de surveillance. La caméra et les capteurs vont conduire, le cas échéant, à accélérer le rythme et à élever les objectifs en temps réel. Chez H&M, d'ici à 2025, l'ensemble des décisions opérationnelles seront prises en tenant compte des recommandations d'une intelligence artificielle, a annoncé le responsable du pôle IA. Ce sont finalement les trois faces de la subordination qui sont potentiellement affectées par le pouvoir des algorithmes et les capacités de l'intelligence artificielle : la direction (les directives humaines sont remplacées par des directives algorithmiques), le contrôle (par le biais de la surveillance algorithmique) et la sanction (les salariés à licencier sont sélectionnés par algorithme).

Pour optimiser le système, on en arrive à la mise en place de pratiques de travail fondées sur le principe du « juste à temps », les individus se voyant proposer du travail en fonction de la demande. Allié à la rémunération aux objectifs, le système permettra d'accorder des primes ou des avantages aux travailleurs les mieux notés, par exemple l'accès aux meilleurs créneaux horaires (en matière de vie personnelle, de rémunération, etc.). L'algorithme nourrit alors un système de récompenses, qui pousse encore un peu plus le salarié à la performance. Une lettre rédigée par une avocate d'Amazon et révélée par un site spécialisé fait état d'une surveillance automatisée de la productivité des employés. D'après ce document, le système d'Amazon « génère automatiquement des avertissements ou des licenciements » lorsque la productivité des employés se situe en deçà des standards de la plateforme[5].

Le tableau qui vient d'être décrit est évidemment très préoccupant. Du facteur humain, qui fait que l'on peut accorder une pause plus longue à un salarié dont l'épouse est gravement malade, que l'on peut ajuster les objectifs de la semaine alors qu'un plan de licenciement vient d'être annoncé dans le groupe, avec l'angoisse qui l'accompagne, l'algorithme n'a que faire ! Il ne va pas changer son mode de calcul parce que le salarié vient d'apprendre que son emploi peut disparaître dans les semaines à venir, parce qu'il est affaibli par un cancer, mais a néanmoins fait le choix de continuer à travailler, qu'il vient de perdre un proche ou est en plein divorce. La Poste a algorithmé le travail de ses facteurs, en leur accordant 1 minute et 30 secondes pour remettre un recommandé[6]. Le nombre d'étages si l'immeuble ne possède pas d'ascenseur ou si celui-ci est en panne, le besoin de créer du lien social, parfois essentiel pour les personnes isolées, sont inconnus de l'algorithme. Quoi de pire que la situation de ces salariés américains licenciés parce qu'un algorithme les a sélectionnés, de l'aveu même du directeur des ressources humaines, « au hasard[7] » ! Situation fort heureusement impossible en France ! L'employeur doit justifier d'un motif imputable au salarié pour pouvoir le licencier, essentiellement la faute et l'insuffisance professionnelle, ou disposer d'un motif économique, auquel cas il va devoir mettre en place un ordre des licenciements qui l'oblige à sélectionner les salariés à licencier en fonction des charges de famille, de l'ancienneté, des qualités professionnelles et des difficultés de réinsertion professionnelle. Le hasard, même provoqué par une intelligence artificielle, n'a heureusement pas sa place.

Les chiffres, rien que les chiffres

Les chiffres, rien que les chiffres[8]. Tout est aujourd'hui l'objet de scores, encore et toujours dans la perspective d'optimiser la performance. Que dire du défunt score de productivité de Microsoft, calculé à partir du temps passé sur Teams, de celui passé à rédiger, du nombre d'e-mails envoyés, des temps de pause, du nombre de documents partagés ou manipulés, des actions entreprises sur OneDrive, du temps passé en réunion… le tout mesuré par le logiciel à partir de l'activité du salarié sur son ordinateur ?

Aujourd'hui, pour gagner du temps, certaines entreprises (Hilton et Unilever notamment) utilisent un logiciel capable de définir un score d'employabilité en décryptant l'enregistrement fourni par le candidat à la demande de l'entreprise ou la vidéo tirée de son entretien d'embauche. Le score va dépendre des mouvements du visage, du timbre et de la cadence de la voix, du vocabulaire utilisé[9]… La pratique du *ranking* s'inscrit dans cette même perspective qui consiste à classer les salariés en catégories correspondant à des niveaux de performance et, par là même, à des niveaux d'atteinte d'objectifs. Controversée, y compris aux États-Unis où elle a été inventée dans les années 1980, elle est admise en France avec beaucoup de prudence. Le classement doit reposer sur des critères objectifs préétablis, connus, contrôlables et non discriminatoires. Il ne peut avoir pour but de sanctionner ou de licencier les salariés concernés et, surtout, il ne doit pas se faire sur la base de quotas par catégories. L'entreprise ne peut prévoir que parmi les 100 salariés à classer, seuls 10 % pourront avoir la note A qui permet d'accéder au bonus maximum. Autrement dit, le « classement forcé » (l'expression « *sack ranking* » est utilisée dans la littérature managériale américaine) n'a pas sa place de ce côté de l'Atlantique.

Parce que tout est calculé, on finit par mettre de côté le travail réel au profit d'objectifs purement quantitatifs. On peut aussi décider, sur la simple base d'un bilan coûts-bénéfices, s'il y a lieu ou non de respecter la loi, comme le prônent les partisans de la violation efficace du droit. Si le nouveau barème des indemnités de licenciement a été tant décrié, c'est précisément parce qu'il permet un tel calcul. Jusqu'aux ordonnances Macron de septembre 2017, le salarié licencié sans motif réel et sérieux avait droit à une indemnité au moins égale à six mois de salaire. Le législateur n'avait pas fixé de plafond, ce qui permettait au juge d'augmenter l'indemnisation en fonction de la situation personnelle du salarié, notamment de la durée de son chômage et de sa capacité à trouver un nouvel emploi au regard de sa formation et de son expérience professionnelle. Des données que l'entreprise qui envisageait de licencier était dans l'impossibilité de chiffrer à l'avance et, ainsi, d'intégrer dans son bilan coûts-avantages.

L'indemnité étant désormais enfermée dans un barème qui fixe des planchers et des plafonds, la marge d'appréciation du juge est considérablement réduite. Par exemple, un salarié dont l'ancienneté est de quatre ans aura droit au minimum à trois mois et au maximum à cinq mois de salaire s'il est licencié sans cause réelle et sérieuse, les plafonds étant uniquement fonction de son ancienneté. L'employeur qui envisage de licencier peut donc aujourd'hui, sur la base de la seule ancienneté de son salarié, savoir au centime près combien lui coûtera au maximum le licenciement s'il vient à être condamné aux prud'hommes pour licenciement injustifié. Le seul véritable aléa – tout sauf négligeable car les salariés vont de plus en plus sur ce terrain – est que le licenciement soit considéré comme étant lié à une dénonciation de harcèlement, une discrimination ou une atteinte à une liberté fondamentale, auquel cas les plafonds ne joueront plus.

Il n'est pas rare de voir les médecins du travail s'inquiéter d'« une incitation [...] à passer outre la réglementation pour faire du chiffre[10] ». Dans cette perspective, le travailleur lui-même n'est plus que chiffres. Il est presque invisible, comme déshumanisé. Son travail n'intéresse plus pour lui-même, mais pour l'impact qu'il a sur les résultats de l'entreprise. Le risque est aussi, paradoxalement, de laisser prospérer des biais discriminatoires. En apparence, le jeu de l'algorithme est exemplaire puisque purgé de toute considération liée à la personne du salarié. En apparence seulement, car rien ne garantit que l'algorithme ne reproduit pas les biais existants, qu'il ne décide pas en raison du sexe, des mœurs, de l'orientation sexuelle, de l'identité de genre, de l'âge, de la situation de famille, de la grossesse, des caractéristiques génétiques, de la particulière vulnérabilité résultant de la situation économique du salarié, de son appartenance ou de sa non-appartenance à une nation ou à une prétendue race, des opinions politiques, activités syndicales ou convictions religieuses, de son apparence physique, de l'état de santé, de la perte d'autonomie ou encore de son handicap, pour reprendre les principaux motifs de discrimination inscrits dans le Code du travail.

Amazon s'était fait une fierté de son algorithme de recrutement, capable d'examiner en une vitesse record et de façon apparemment objective, car purgée des préjugés du recruteur, le curriculum vitæ des candidats en leur attribuant une note de 1 à 5 selon les profils. Sauf qu'il s'est avéré que le modèle informatique utilisé par la plateforme pour concevoir son algorithme était basé sur les curriculum vitæ reçus par l'entreprise dans les dix dernières années, pour la plupart des CV masculins ; il en avait alors déduit que le sexe masculin était un facteur favorable au recrutement ! Le système, loin d'être neutre, était discriminatoire, tout comme celui de Deliveroo Italia qui, pour classer les livreurs dans l'attribution des courses, utilisait un « indice de fiabilité » défini par un algorithme qui ne prenait pas en compte les causes d'annulation. En toute logique, l'algorithme a été jugé discriminatoire au préjudice des travailleurs malades ou en grève[11].

Discutable au regard de la philosophie qui l'anime, la logique de performance à tout prix devient délétère lorsqu'elle est adossée à des objectifs irréalisables. Elle l'est encore plus lorsqu'elle s'appuie sur un objectif illégitime, voire illégal, par exemple harceler les salariés pour les pousser au départ. Le pire est atteint lorsque, dans l'évaluation du manager, le mot « courage » est associé à sa capacité à licencier, à son aptitude à atteindre des objectifs de suppression d'emplois, comme cela a été reproché à France Télécom. Sans aller si loin, la logique de performance, lorsqu'elle est le seul moteur du changement, est à l'origine de plans de réduction des effectifs dictés par le marché – ce qu'on appelle parfois les licenciements boursiers – plutôt que par l'intérêt bien pensé de l'entreprise, par une logique marchande plutôt qu'organisationnelle. Associée à des objectifs inatteignables, la logique de performance à tout prix peut aussi entraîner chez certains salariés des comportements déviants, comme des coups bas à l'égard de collègues lorsque la prime dépend de résultats individuels, des pressions insupportables lorsqu'elle est tributaire d'objectifs collectifs ou des tricheries pour fausser un tableau Excel en sa faveur[12]. Il est de plus en plus clair que le modèle n'est pas viable. Le culte de la performance oblige à aller vite, toujours plus vite, à prendre des décisions quasi instantanées, quitte à ce qu'elles soient réversibles et donc peu sûres. Il démotive les salariés, met en danger leur santé et résume l'autonomie, lorsqu'elle existe, à la fixation d'horaires dans un cadre contraint par des objectifs surévalués… C'est dire combien derrière les beaux discours et l'appât du gain, le tableau est sombre.

CHAPITRE 4

L'envers du décor

Le culte de la performance produit un cocktail explosif, avec le retour au premier plan des questions de santé au travail que l'on pouvait espérer réglées par les progrès de la médecine. Les enquêtes sur les conditions de travail montrent des niveaux très inquiétants de fatigue physique et, plus encore, de souffrance mentale. Une souffrance dont il est aujourd'hui acquis qu'elle ne découle pas toujours, loin de là, d'une fragilité psychologique ou de difficultés personnelles que le salarié transporterait sur son lieu de travail mais, en partie au moins, du travail lui-même. Le classement déplorable de la France dans ces enquêtes, en queue du peloton européen, rend le constat d'autant plus alarmant.

Le nombre de contentieux en harcèlement moral explose et celui des demandes de reconnaissance de situations de souffrance psychologique en maladies professionnelles n'a jamais été aussi élevé. On insiste aujourd'hui sur l'écoanxiété des jeunes, évaluée à 45 % dans les derniers sondages. Or l'anxiété liée au travail est du même ordre : 23 % des salariés de moins de 30 ans jugent négativement leur santé mentale, 48 % déclarent mal dormir, 42 % se disent stressés, 34 % émotionnellement épuisés et 29 % à bout de forces[1]. Et 44 % de ces jeunes imputent leur mal-être au travail au seul contexte professionnel. Chiffre tout aussi déroutant, 37 % des salariés disent ne pas se sentir capables de tenir dans leur emploi jusqu'à la retraite, avec des niveaux extrêmement élevés chez les personnes confrontées à des risques psychosociaux[2].

L'absence totale d'autonomie dont souffrent nombre de salariés et le manque de reconnaissance du travail accompli qui en résulte sont en partie responsables de la situation. Ce serait toutefois une erreur de croire que l'autonomie telle qu'elle est aujourd'hui pratiquée met ceux qui en bénéficient à l'abri des risques psychosociaux. Bien au contraire ! Pour preuve, les cadres sont les sujets les plus exposés à la souffrance mentale. Selon une enquête conduite par l'APEC, une majorité de cadres expriment un sentiment de surcharge (55 % d'entre eux), d'épuisement professionnel (54 %) et de stress intense (54 %). 19 % ont, par ailleurs, dû prendre un congé ou un arrêt maladie en raison d'un sentiment d'épuisement professionnel[3].

Faut-il s'étonner que les salariés dont les modalités d'organisation du travail impliquent le plus d'autonomie, c'est-à-dire aujourd'hui les télétravailleurs et les titulaires d'un forfait jours, soient aussi ceux pour lesquels le Code du travail prescrit un entretien annuel sur la charge de travail ? Un tiers des télétravailleurs déclarent travailler plutôt qu'être en arrêt maladie pour éviter une perte de salaire, mais aussi ne pas avoir le choix en raison d'une charge de travail trop importante[4]. La première cause d'annulation des accords collectifs de mise en place du forfait jours tient à l'insuffisance des dispositifs d'évaluation et de suivi de la charge de travail. À tout cela, rien de surprenant ! Adossée au culte de la performance et concentrée pour l'essentiel sur la flexibilité du temps de travail, l'autonomie produit tout l'inverse des effets escomptés, puisque les salariés n'ont plus de limites – en particulier celles du temps de travail – qui les contraignent à s'arrêter ! La situation est critique et la réaction urgente.

La prise de conscience

Un certain nombre de travaux marquants, issus de psychologues du travail et autres experts, ont contribué à révéler la face obscure des évolutions du travail[5]. De leur côté, les écoles de commerce et de management évoluent, bien que trop lentement, pour intégrer dans leur cursus la question des risques psychosociaux. L'insuffisante formation des managers, souvent promus à ce poste sans formation préalable, mais aussi les méthodes délétères enseignées dans certaines écoles de management ont une responsabilité avérée dans la souffrance au travail, jusque devant les tribunaux. L'école de management de France Télécom est directement visée dans le jugement éponyme comme ayant favorisé les pratiques toxiques de ses dirigeants. Mais, sur ce sujet comme sur tant d'autres, les choses ne peuvent vraiment bouger que si les victimes se saisissent du sujet, que si leur parole se libère. Une libération qui n'est jamais facile dans des rapports de subordination et à propos d'un type de souffrance que l'on a vite fait d'attribuer à une faiblesse psychologique de l'individu. Le fait que les salariés attendent le plus souvent la rupture de leur contrat de travail, à leur initiative ou à celle de leur employeur, pour dénoncer le harcèlement dont ils ont été victimes, illustre très bien les difficultés rencontrées dans la libération de la parole.

Même si le mécanisme est perfectible, l'entrée du harcèlement moral dans le Code du travail, en 2002, a constitué un tournant en donnant une reconnaissance juridique – ce qu'on appelle en droit une qualification juridique – à des pratiques dont on savait qu'elles étaient sources de souffrance pour les salariés, mais dont ceux-ci n'ont pendant longtemps pas vu l'intérêt ni pris le risque de revendiquer l'existence faute de reconnaissance et donc de protection juridique. Bien que tardive, puisqu'il a fallu dix ans entre la loi de 1992 contre le harcèlement sexuel et la loi de 2002 contre le harcèlement moral, l'avancée est majeure lorsqu'on compare la France à la plupart des pays qui en sont encore à appréhender le harcèlement à travers la faute, la déloyauté ou la discrimination. Il ne faut pas négliger le rôle que joue la constitution d'une catégorie juridique pour se saisir d'un phénomène, même si force est d'admettre que la qualification de harcèlement moral est parfois utilisée faute de mieux lorsque aucune règle spécifique n'est applicable. En l'absence de reconnaissance du burn-out et du bore-out (épuisement professionnel par ennui au travail et sous-charge de travail) dans les tableaux de maladies professionnelles, les salariés sont parfois tentés de se déplacer sur le terrain du harcèlement. Lorsque la maladie ne figure pas dans les tableaux, ils sont en effet contraints, pour qu'elle soit reconnue comme professionnelle, de prouver, d'une part qu'elle est essentiellement et directement causée par le travail, d'autre part qu'elle a entraîné une incapacité permanente partielle (IPP) égale ou supérieure à 25 %. Une tâche particulièrement difficile pour les maladies psychiques qui explique la tentation de se déplacer sur le terrain du harcèlement moral !

Libérer la parole

Il ne suffit pas de graver les règles dans un code pour que se produise l'effet escompté. Si évident que cela puisse paraître, la règle n'a d'effet que si les acteurs s'en saisissent.

Le premier canal est interne à l'entreprise. D'après une enquête européenne, à peine 20 % des salariés se sentent assez en confiance pour parler à leur manager d'un problème de mal-être, et seuls 11 % sont prêts à en informer le service des ressources humaines[6]. C'est tout l'intérêt des représentants du personnel, grâce à la faculté qui est la leur de déclencher une alerte en cas d'atteinte aux droits fondamentaux de la personne, ou encore de faire appel à un expert, financé par l'entreprise, en cas de risque grave, dont font partie les situations de harcèlement moral et de souffrance au travail. Évidemment essentiel dans la reconnaissance des situations de souffrance psychologique au travail (il y a là aujourd'hui le premier motif de consultation), le médecin du travail dispose, dans le respect du secret médical, de son propre droit d'alerte, auquel l'employeur est tenu de réagir tout comme il est tenu de répondre à celui lancé par le comité social et économique.

Le deuxième canal est judiciaire. Voir sa cause entendue par une autorité légitime à dire le droit est essentiel à la fois pour se voir rendre justice, mais aussi pour apaiser une souffrance associée à un abus de pouvoir avéré ou supposé. Le canal judiciaire joue évidemment un rôle primordial par la force juridique et symbolique du jugement. Indépendamment de la décision, favorable ou non, qui sera prise par le tribunal, le fait de formuler ses griefs, seul ou avec son avocat, et de les voir discutés dans le cadre d'un débat contradictoire, mais aussi le fait de se savoir protégé par une règle que l'on estime, à tort ou à raison, favorable à sa cause, contribue de façon significative à la libération de la parole. Ce d'autant que la loi protège expressément le salarié qui agit ou témoigne en justice contre toute forme de représailles en annulant la sanction, le cas échéant le licenciement, qui serait prise pour cette raison. D'autres autorités sont habilitées, aux côtés du juge, à dire le droit ou à contrôler qu'il est respecté, avec des rôles qui leur sont propres, notamment la CNIL, le Défenseur des droits et l'inspection du travail.

Le troisième canal est médiatique. S'il peut être l'accessoire du canal judiciaire, comme l'illustre ce jugement du tribunal de Bologne condamnant Deliveroo Italia à publier sa condamnation pour discrimination algorithmique dans les FAQ de son site Web, le canal médiatique constitue aujourd'hui à lui seul un puissant moyen de libération de la parole. Un canal d'autant plus puissant qu'il bénéficie de la protection de la liberté d'expression ! La presse écrite a longtemps joué ce rôle, illustré par l'affaire Clavaud. Ouvrier de l'usine Dunlop, Alain Clavaud est licencié le 15 janvier 1986 pour avoir dénoncé dans les colonnes de *L'Humanité* les conditions déplorables de travail au sein de son entreprise. Son licenciement sera annulé parce que attentatoire à la liberté d'expression.

Les propos de ce salarié dans *L'Humanité* avaient certes eu quelque écho à l'époque. Rien, cependant, comparé à la caisse de résonance que constitue aujourd'hui Internet. Il est clair que si les huit élèves d'AgroParisTech avaient fait il y a trente ans ce qu'ils ont fait en mai 2022, à savoir prendre la parole lors de la cérémonie de remise des diplômes pour appeler leurs camarades de promotion à refuser les postes pour lesquels ils avaient été formés et qu'ils jugeaient « destructeurs pour l'environnement », personne n'aurait été au courant à part le cercle restreint des personnes participant physiquement à la cérémonie. La parole sur les réseaux sociaux, voire les simples commentaires émis sur des posts rédigés par autrui constituent une caisse de résonance d'autant plus forte que ce canal est lui aussi protégé par la liberté d'expression. Licenciée pour avoir liké sur Facebook des publications dénonçant des pratiques répressives des autorités turques de même que de possibles viols d'élèves par des enseignants, une agente de nettoyage du ministère de l'Éducation nationale turque a vu son licenciement annulé par la Cour européenne des droits de l'homme sur le fondement de cette même liberté d'expression[7]. L'heure est aux réseaux sociaux mais aussi aux plateformes du type « Balance ton agency », « Balance ta start-up » ou « Balance ton cabinet », dans lesquelles les salariés dénoncent les pratiques qu'ils jugent déviantes, notamment parce qu'elles confineraient à la discrimination, au harcèlement moral ou au harcèlement sexuel.

Plus difficile à maîtriser que les deux autres canaux, le canal médiatique est essentiel, à la condition de rester dans les limites de la liberté d'expression. Les enjeux réputationnels sont trop forts et les dangers des réseaux sociaux trop grands pour laisser les *fake news* se répandre par ignorance ou par volonté de nuire. Lorsque le salarié exerce sa liberté d'expression par des propos excessifs, diffamatoires ou injurieux, il n'est plus protégé.

Lorsqu'il se prévaut de son statut de lanceur d'alerte pour dénoncer les manquements de son entreprise à la loi ou aux règlements sans avoir préalablement lancé une alerte interne à l'entreprise ou auprès d'une autorité instituée (juge, Défenseur des droits, CNIL…), il perd, sauf cas particulièrement graves, le bouclier que lui octroie son statut.

Ces limites étant rappelées, la libération de la parole a contribué de façon décisive à la prise de conscience des dangers qui accompagnent les mutations du travail et permet de dresser un tableau de leur impact sur la santé mentale des salariés. Un tableau inquiétant qui touche toutes les formes de travail et n'épargne pas, bien au contraire, les salariés autonomes.

Une autonomie sous pression

Si les questions de santé physique ne sont aucunement réglées, avec, entre autres, des expositions aux substances dangereuses qui représentent 53 % des décès liés au travail à l'échelle de l'Europe[8], un autre phénomène a pris ces dernières décennies des proportions tout aussi (voire plus) préoccupantes, tant il est difficile à appréhender. Les nouvelles formes d'organisation du travail qui, pour certains salariés, anéantissent toute forme d'autonomie en les assujettissant à des machines ou à des algorithmes et offrent pour d'autres une autonomie apparente, mais en réalité conçue de sorte à accroître leur charge de travail, montrent depuis quelques années leur vrai visage. Quoi de plus stressant que de se retrouver contraint de réaliser des objectifs que l'on sait inatteignables, de travailler face à un écran qui émet une alerte chaque fois que le rythme de travail passe sous la vitesse programmée pour atteindre les objectifs de la journée de travail ? Quoi de plus anxiogène que l'affichage nominatif dans les différents services de l'entreprise des taux de performance comparés (les PIC : performances individuelles comparées), comme chez France Télécom à la pire époque ? Les propos tenus par Mark Zuckerberg à l'adresse des salariés de Facebook sont confondants : « Il y a probablement beaucoup de personnes dans l'entreprise qui ne devraient pas être ici [...]. En augmentant la pression, avec des objectifs plus agressifs, j'espère que certains d'entre vous se diront simplement que cette entreprise n'est pas pour eux[9]. »

Les liens entre objectifs et santé mentale nourrissent un nombre croissant de contentieux, parmi lesquels l'emblématique affaire Caisse d'épargne Rhône-Alpes. Bien que datant du début des années 2010, cette affaire est aujourd'hui encore l'une des plus représentatives des risques engendrés par le travail aux objectifs. Plusieurs salariés de la banque avaient assigné celle-ci en justice pour manquement à son obligation de sécurité, lui reprochant d'avoir conçu sa politique de gestion du personnel autour de la mise en concurrence des agences entre elles, et des salariés entre eux. Les indices constatés dans cette affaire dressent le tableau parfait du management aux objectifs : le salarié est informé en direct des résultats personnels des autres salariés de l'entreprise, les objectifs sont fixés selon des critères trop imprécis pour leur permettre de s'améliorer (« faire mieux que les autres »), les salariés sont mis en concurrence et classés les uns par rapport aux autres[10]. La banque ne sera finalement pas condamnée, non pas que les juges aient refusé tout lien entre compétition et santé mentale, mais parce qu'il a été établi que sur la période litigieuse des mesures avaient été prises pour corriger l'outil de benchmarking[11]. Le contentieux ouvert quelques années plus tard par le salarié du centre d'appels d'une société normande, malheureusement révélateur du travail au sein de bon nombre de centres d'appels en France et à l'étranger, offre un tableau tout aussi caractéristique. Une pression sur les objectifs, un flicage du travail, une écoute des appels, des notations constantes par le supérieur hiérarchique, un chronométrage systématique des pauses, l'interdiction de s'absenter pour aller aux toilettes hors temps de pause sous peine de conséquences sur les statistiques d'appel et les primes qui y sont associées... tous les ingrédients étaient réunis pour mettre le salarié, auteur d'une tentative de suicide, en situation de souffrance morale, jusqu'à caractériser un harcèlement moral[12].

Il suffit de se rendre sur la page d'accueil du site Hubstaff pour se représenter le stress subi par le salarié qui reçoit des rapports quotidiens sur son taux de productivité, agrémentés d'une couleur rouge, orange ou verte selon le résultat obtenu ! « C'est super stressant, tous les matins on reçoit un rapport d'activité. J'arrive rarement à dépasser les 50 % de temps de travail effectif », rapporte, en 2020, au journal *Libération* une salariée soumise à ce logiciel. On conçoit aisément la souffrance que peut occasionner au salarié le comptage de toutes ses actions, jusqu'aux mouvements de sa souris et frappes sur son clavier, avec en arrière-plan l'exclusion des temps non productifs ! Le temps passé devant sa table de travail à réfléchir, à penser, sans taper sur son clavier ou bouger sa souris, n'est pas comptabilisé dans cette conception du temps de travail parfaitement en phase avec le culte de la performance, puisque tout ce qui ne produit pas directement du chiffre d'affaires est un temps de non-travail. Fort heureusement, telle n'est pas la conception française du temps de travail, qui en fait non pas un temps de production mais un temps de mise à disposition. « La durée du travail effectif est le temps pendant lequel le salarié est à la disposition de l'employeur et se conforme à ses directives, sans pouvoir vaquer librement à des occupations personnelles », dit le Code du travail.

Les risques en matière de santé mentale ne tiennent pas seulement au stress généré par des objectifs que l'on ne comprend pas parce qu'ils sont mal définis ou formulés en langue étrangère (pratique fréquente dans les filiales françaises des groupes anglo-saxons), parce qu'ils sont inatteignables ou parce qu'ils mettent le salarié en concurrence ouverte avec ses collègues de travail. Ils tiennent aussi à la charge de travail qui en découle. Celle générée par des objectifs déraisonnables peut être telle que, de fait, elle empêche toute prise de congés ou, pire encore, comme cela a été jugé à propos des primes de rendement au kilomètre des chauffeurs routiers (solution parfaitement transposable aux livreurs à scooter ou à moto), elle met en danger la sécurité physique du salarié et des autres usagers de la route. Sans être la cause directe d'un accident du travail ou d'une maladie professionnelle, le glissement du travail au temps vers le travail aux objectifs a également des effets sur la santé physique des salariés concernés, de surcroît lorsque leur temps de travail n'est pas encadré parce qu'ils sont prétendument autonomes. Les temps de travail typiques (environ 9 heures-18 heures du lundi au vendredi) ne sont pas le fruit du hasard. Ils sont alignés sur les temps biologiques, et si un décalage de deux ou trois heures est peu significatif (selon un sondage, la moitié des salariés interrogés souhaitent commencer plus tôt, pour finir plus tôt[13]), l'absence d'horaires a des effets avérés sur la santé : fatigue physique, troubles du sommeil, perturbation des fonctions digestives, troubles nerveux, risques cardiovasculaires, troubles de la grossesse et risque de cancer. Conjuguée avec le télétravail, elle est aussi susceptible, en raréfiant les temps collectifs, de créer des phénomènes d'isolement ou de solitude. On découvre sans surprise à la lecture d'une étude réalisée par le Crédoc et l'Institut Danone auprès des salariés du groupe agroalimentaire que 72 % des télétravailleurs déjeunent seuls, contre 12 % des salariés au bureau.

Il n'y a pas là une raison suffisante pour décevoir les aspirations des salariés à l'autonomie, mais un point de vigilance majeur justifiant de revoir la façon dont celle-ci est conçue et appréhendée par la plupart des entreprises, comme nous le verrons ultérieurement.

Des organisations pathogènes

On prend conscience de la gravité de la situation, mais aussi de la direction qui peut être prise pour y remédier, lorsqu'on constate que, très souvent, la souffrance mentale au travail n'est pas due au comportement pervers d'un manager, mais aux dérives dans la façon dont s'exerce le pouvoir dans l'entreprise. Constat d'autant plus nécessaire qu'il permet de comprendre que, dans bien des cas, l'éviction du harceleur ne suffira pas à régler le problème, dont l'origine se trouve dans les choix politiques décidés au niveau des instances de direction. Le problème central est, en d'autres termes, celui de l'exercice du pouvoir dans l'entreprise, non pas qu'il soit plus brutal qu'il y a un ou deux siècles, mais parce que la charge psychologique qu'il fait peser sur la personne au travail a considérablement augmenté avec le temps. La surveillance technologique, la fixation d'objectifs démesurés, la définition par des algorithmes des tâches à accomplir et des objectifs à réaliser, les restructurations permanentes que le salarié subit comme s'il était une variable à ajuster en fonction des besoins de plus en plus changeants des entreprises, constituent des choix politiques de l'entreprise.

Les affaires de discrimination illustrent très bien ce constat. Souvent, le grief n'est pas adressé à un manager ou à un chef raciste ou homophobe, mais dirigé contre la politique de l'entreprise. On veut moins de femmes, on ne veut pas de syndiqués, de personnes issues de l'immigration, etc. La reconnaissance de l'action de groupe, qui permet aux victimes d'un préjudice identique de se regrouper pour former une seule et même action devant les tribunaux, rend compte, à elle seule, de la dimension collective de la discrimination. Le harcèlement n'est pas non plus systématiquement le fait d'un manager qui s'en prend à un salarié nommément désigné pour le pousser vers la sortie. Nombreux sont ceux qui invoquent, en soutien d'une action en harcèlement moral, non pas les agissements d'une personne déterminée, mais la présence dans leur bureau d'une caméra braquée sur leur visage, celle dans leur véhicule de fonction d'un dispositif de géolocalisation connecté jour et nuit et, plus encore, la lecture systématique de leurs mails. Le droit en a pris acte en consacrant le harcèlement dit « managérial ou institutionnel », c'est-à-dire le harcèlement provoqué par les modes de gestion du personnel, voire par la politique d'entreprise qui, désormais, coexiste avec le harcèlement individuel. Dans l'affaire France Télécom, les dirigeants n'ont pas entendu harceler tel ou tel salarié qu'ils ne connaissaient pas, qu'ils n'avaient probablement jamais croisé. « La cour doit déterminer si les dirigeants d'une grande entreprise peuvent se voir reprocher des faits de harcèlement moral résultant, non pas de leurs relations individuelles avec leurs salariés, mais de la politique d'entreprise qu'ils avaient conçue et mise en œuvre », résumait la cour d'appel de Paris.

Jeux déguisés

Dans une société dominée par le culte de la performance, l'idée de challenge ne pouvait que prospérer. Apparemment inoffensive, voire propice à l'autonomie du salarié qui se voit attribuer un « rôle », la participation à des challenges en entreprise s'ajoute à la liste des situations porteuses de risques psychosociaux. En témoigne cette affaire mettant en cause le directeur du programme *management solutions* au sein d'une grande entreprise française qui avait organisé pour son équipe en Allemagne, avec l'aide d'un prestataire extérieur, un *team-building*.

Le challenge consistait à casser une bouteille en verre enroulée dans une serviette, à l'aide d'un marteau, à déposer le verre brisé sur un morceau de tissu étendu au sol avant de faire quelques pas sur le verre brisé, pieds nus. Tous les participants s'étaient exécutés, sauf l'un d'entre eux, qui serait sorti de la salle en larmes, puis, ramené par la facilitatrice, aurait été contraint d'expliquer au groupe qu'il avait décidé de ne pas marcher sur les morceaux de verre. À son retour à Paris, le salarié a alerté le médecin du travail et le RH, arguant qu'une telle pratique comporte des risques pour la santé physique et mentale des salariés, comme la transmission d'agents infectieux par le sang, mais aussi l'anxiété et l'ostracisation par le groupe. Des entretiens individuels menés avec lui ont prouvé son mal-être, causé notamment par la crainte de représailles sur son bonus annuel. La défense du manager, qui a soutenu avoir agi sur instructions et avoir fait appel à un prestataire référencé par son employeur, a échoué, et le licenciement pour faute grave, justifié par le fait « de ne pas être intervenu durant le stage pour préserver l'intégrité physique et psychique de ses collaborateurs », a été validé[14].

Cette affaire est symptomatique des dérives actuelles du travail sur fond, une fois de plus, de rémunération aux résultats (on se sent obligé de mettre sa santé en danger car sa rémunération en dépend), de culte de la performance (le *teambuilding* vise, derrière une recherche de cohésion, à renforcer la performance de l'équipe) et de cynisme (le challenge n'a de ludique que l'apparence). Cynisme que l'on retrouve dans cette autre affaire qui avait vu l'employeur organiser une simulation de prise d'otage sans que les salariés en soient informés. Afin soi-disant de récompenser ses salariés de leurs bons résultats, une société internationale de recrutement avait convié ces derniers à un séminaire en Jordanie. Lors de la deuxième nuit passée dans le désert à la belle étoile, les organisateurs du séminaire, masqués et armés, n'avaient trouvé meilleure idée que de simuler une prise d'otages en menaçant physiquement les salariés. Le P-DG de la société décida de mettre fin à ce prétendu jeu, du nom de *Desert Challenge*, après que l'un des salariés eut frappé un faux assaillant pour le désarmer, mais cela n'empêcha pas l'une des salariés, traumatisée après avoir vu l'un des faux terroristes lui poser l'arme sur la tempe, de se mettre en arrêt de travail, de prendre l'initiative de la rupture du contrat de travail et d'obtenir des dommages et intérêts devant les tribunaux[15].

La « gamification » du travail fait partie de ces trop nombreux faux-semblants qui travestissent la représentation du travail. C'est une chose d'admettre, comme l'ont fait les tribunaux à plusieurs reprises à propos des émissions de téléréalité (*L'Île de la tentation*, *Koh Lanta*, *Mister France*...), que la participation à un jeu peut constituer une prestation de travail. C'en est une autre de faire du jeu un moyen au service de la performance, ou encore de faire du jeu vidéo un outil de recrutement[16]. Le travail n'est pas un jeu, y compris lorsqu'il est effectué sur écran et à la maison. On demande aux salariés d'effectuer des tâches ingrates, parfois humiliantes, à un rythme effréné (aller plus vite comme pour gagner une partie de jeu vidéo), qui, miraculeusement, deviendraient plus acceptables, moins pénibles parce qu'elles prendraient une apparence ludique. On donne aux salariés un simulacre d'autonomie en les faisant participer à un jeu dans lequel ils sont en réalité de simples pions, avec, comme l'a vécu ce pauvre salarié traumatisé par le « jeu » du verre brisé, le spectre d'être stigmatisés s'ils arrêtent de « jouer ». Peu sont dupes de l'écart béant entre le discours et la réalité, du fossé entre une technique de divertissement et une stratégie de mise en concurrence des salariés, comme peu sont dupes de l'apologie du bonheur que l'on trouve dans un nombre croissant d'entreprises.

Quoi de plus louable que de se donner pour finalité le bonheur de ses salariés ? Une finalité d'autant plus légitime que certaines déclarations font du droit au bonheur un droit fondamental ! « Tous les hommes [...] sont dotés par le Créateur de certains droits inaliénables ; parmi ces droits se trouvent la vie, la liberté et la recherche du bonheur », peut-on lire dans la Déclaration d'indépendance des États-Unis.

Mais une attitude vertueuse se transforme en risque psychosocial si du droit au bonheur on bascule à l'obligation d'être heureux. Quel peut-être le sens d'une injonction au bonheur, si ce n'est transférer sur le salarié la responsabilité d'une situation (le salarié ne sourit pas, est stressé…) qui relève, en partie de facteurs qui ne regardent pas l'entreprise (sa situation familiale, son état de santé), en partie également de facteurs qui sont au contraire de la responsabilité exclusive de l'entreprise (une organisation pathogène qui favorise l'anxiété) ? Si l'on présente les choses autrement, il y a dans l'injonction au bonheur une ramification supplémentaire du culte de la performance auquel plus rien, ou presque, n'échappe. Certains salariés se voient reprocher de rentrer chez eux une fois la journée de travail terminée, et ainsi de snober l'apéro ou la fête organisés par le *chief happyness officer*, jusqu'à devoir défendre devant les tribunaux leur droit de ne pas être *fun* ! Il n'est pas difficile de chercher très loin pour comprendre que, sous couvert de promouvoir une bonne ambiance et une cohésion d'équipe, les challenges, soirées et autres apéros auxquels les salariés sont incités ou parfois obligés de participer contribuent, au même titre que la surveillance, à étendre la sphère de la subordination.

Même si le mal est profond et a de multiples ramifications (un marché du coaching juteux, une formation insuffisante des managers…), peut-on nourrir l'espoir que la condamnation de la société Cubik à verser 500 000 euros à son consultant senior, licencié après avoir critiqué et refusé de participer aux pots de fin de semaine et autres séminaires fortement alcoolisés organisés par son entreprise, freinera ces pratiques détestables qui, sous couvert de jeunisme, ont tout du harcèlement moral[17] ? La lettre de licenciement prêterait à sourire s'il n'y avait, sous-jacente, une intrusion intolérable dans le for intérieur du salarié. Dans un passage lunaire sur le « désalignement culturel », l'entreprise écrit que « l'intégration dans la Société imposait que vous compreniez et intégriez notre valeur "fun & pro" qui est un marqueur identitaire de nos interventions et de notre culture d'entreprise » et reproche au salarié licencié de ne pas avoir « réussi à [s']approprier cette identité ». L'écho donné à cette affaire dans nombre de médias à l'étranger, dont beaucoup ont titré sur le « droit de ne pas être "fun" », montre que le problème, comme on pouvait s'en douter, dépasse largement les frontières nationales. Les juges américains avaient déjà jugé illégale une politique d'entreprise obligeant les salariés à avoir une « attitude positive » au travail[18]. Pourquoi, tant qu'on y est, l'entreprise n'organiserait-elle pas les vacances de ses salariés, les obligeant à se rendre dans un centre de balnéothérapie plutôt que dans leur lieu préféré, bruyant et festif, ce afin de s'assurer qu'ils reviennent en meilleure forme à l'issue de leurs congés ? Pourquoi ne pas contraindre les salariés d'une même équipe à prendre leurs vacances ensemble afin de favoriser la cohésion du groupe et de mieux s'imprégner des valeurs de l'entreprise ? Chacun a pourtant encore le droit de passer ses soirées, ses week-ends et ses vacances en famille ou avec les amis de son choix, autrement dit d'avoir une sphère privée qui échappe à l'emprise de leur entreprise.

L'échappatoire de la vie privée

Face à ce tableau, nombre de salariés vont en effet, faute de mieux, mettre leur entreprise à distance en invoquant leur droit à la déconnexion, en revendiquant la semaine de quatre jours ou en demandant à passer au télétravail. L'attractivité du télétravail est symptomatique de cette volonté d'éloignement vis-à-vis de l'entreprise. Un éloignement qui ne peut être, dans le cas du télétravail, que partiel, alors que le salarié en télétravail reste, ni plus ni moins que n'importe quel autre salarié, sous le pouvoir de son employeur, mais dont la prise en compte paraît indispensable lorsqu'on sait le lien que font les jeunes entre accès au télétravail et attractivité du salariat. À ce titre, la consécration d'un véritable droit au télétravail – ce qui ne veut pas dire, bien entendu, un droit au télétravail à 100 % – est un horizon souhaitable. Le législateur a d'ores et déjà effectué un pas dans cette direction en permettant aux salariés de prendre l'initiative du passage au télétravail, à charge pour l'employeur de motiver son refus. Cela reste insuffisant, à la fois parce que cette exigence de motivation est aujourd'hui très vague et parce que les conditions ne sont pas réunies pour que l'ensemble des salariés éligibles au télétravail travaillent à la maison sans dégrader leur vie personnelle et familiale ainsi que celle des proches qui partagent leur logement. Il faut dire que la vitesse éclair à laquelle le télétravail a dû s'installer dans le paysage des entreprises, début 2020, n'a pas facilité la transition !

Si l'on excepte ceux dont le logement est suffisamment spacieux pour qu'un étage soit affecté au télétravail, les télétravailleurs ont beau faire appel à leur imagination, en construisant des barrières d'objets sur la table de la cuisine ou du séjour pour séparer artificiellement l'espace de la vie professionnelle de celui de la vie privée, en portant une tenue particulière pour indiquer aux autres membres de la famille qu'ils sont en train de travailler et que donc, il ne faut pas les déranger, la compatibilité du télétravail avec le logement du salarié reste une difficulté majeure pour ceux qui passent une partie substantielle de leur semaine en télétravail.

Bien que la responsabilité n'en incombe évidemment pas à l'entreprise qui n'a pas à fournir à ses salariés un logement, *a fortiori* compatible avec le télétravail, des progrès considérables vont être nécessaires pour rendre l'accès au télétravail effectif pour tous. S'il n'existe guère de solution concernant la taille du logement, des efforts peuvent et doivent encore être accomplis pour réduire la fracture numérique qui, malgré d'évidents progrès, rend difficiles l'accès à Internet et son utilisation pour un nombre non négligeable de salariés, ou encore sur les questions de conformité du logement, notamment de l'installation électrique, que ce soient les rallonges et prises en mauvais état ou les câbles mal installés et sources de trébuchement. L'employeur a tout avantage à s'en préoccuper, dans l'intérêt évident de son salarié, mais aussi dans le sien puisque les accidents survenus « sur le lieu où est exercé le télétravail pendant l'exercice de l'activité professionnelle du télétravailleur » sont présumés constituer des accidents du travail. Sans nul doute l'employeur parviendra-t-il à échapper à la qualification d'accident du travail lorsque l'événement est détachable du travail, comme dans le cas de cette employée de la Mairie de Paris qui se casse un orteil en sortant sa table de repassage pendant qu'elle suit une formation en télétravail et réclame la qualification d'accident du travail. Il ne pourra en revanche y échapper si son salarié chute en raison de la rallonge électrique qui traverse son salon (des contentieux émergent sur la définition du lieu de travail en contexte de télétravail : tout l'appartement, uniquement la pièce où est installé l'ordinateur, le couloir permettant l'accès aux toilettes...) ou s'électrocute en branchant son ordinateur.

La protection de la sphère privée du salarié, c'est aussi la prise en charge par l'employeur des frais professionnels liés au télétravail (part de loyer, de charges de copropriété, de gaz, d'électricité, d'abonnement Internet, dépenses pour acquérir du mobilier de bureau, achat de matériel informatique, de consommables), qui n'ont évidemment pas à amputer le budget familial. Elle peut prendre la forme du versement d'une indemnité forfaitaire ou du remboursement des frais réels engagés par le salarié. S'y ajoute une indemnité d'occupation destinée à compenser l'utilisation du domicile à des fins professionnelles (immixtion dans la vie privée, stockage de matériel...). Cette question s'inscrit dans une problématique plus globale, celle des liens nécessaires entre la politique du logement et la politique du travail. Elle inclut la création d'espaces de coworking dans les villes, voire les campagnes, notoirement insuffisante en France malgré la pertinence d'une telle politique tant pour l'équilibre entre vie personnelle et vie professionnelle que pour éviter l'impact des temps de trajet sur l'environnement.

Qu'il soit ou non en télétravail, le salarié doit pouvoir sanctuariser sa vie privée. Même si la tâche est rendue difficile par les nouvelles techniques de communication, le droit au respect de la vie personnelle commande une réponse efficace ! Le mail envoyé par le client ou le manager va partir et arriver, si l'on ne prévoit pas de dispositif de planification, à toute heure et en tout lieu puisque les frontières de l'entreprise sont totalement poreuses aux mails et autres SMS. Lorsqu'on sait qu'un salarié reçoit en moyenne 144 mails par semaine[19], chacun d'entre nous doit réfléchir à deux fois (il est si facile d'appuyer sur l'onglet « envoyer » !) avant de faire partir des mails dont l'importance ou l'urgence sont toutes relatives. Son destinataire n'aura d'autre choix que de les lire de peur (FOMO ou *fear of missing out*) d'être sanctionné pour avoir manqué une information essentielle. Comment faire ? La solution consistant simplement à sensibiliser salariés, dirigeants et clients à s'autolimiter dans l'envoi des mails ne peut être que d'une efficacité limitée. Il est de la responsabilité de l'entreprise de protéger le salarié contre cette invasion numérique ! Dans les situations les plus graves, une condamnation pour harcèlement est même envisageable, comme dans le cas de cet employeur qui envoyait jusqu'à trente-trois mails par jour pour pousser son salarié à accélérer son rythme de travail[20] ou de cet autre employeur qui inondait ses salariés de SMS pendant leurs congés payés[21]. Le salarié n'aura pas de difficulté à prouver les appels et autres mails reçus le soir, le week-end ou pendant ses congés sauf si l'entreprise a effacé ses données à distance, suivant une pratique subie par nombre de salariés en instance de licenciement, dont l'accès à la messagerie professionnelle est coupé ou dont les messages problématiques ont disparu comme par magie.

Si on ne se résout pas à compter uniquement sur l'autodiscipline des uns et des autres, il faut donner corps à un véritable droit à la déconnexion, c'est-à-dire au droit de ne pas se connecter à ses outils numériques professionnels (messagerie, logiciel, intranet, etc.) et de ne pas être contacté, par quelque moyen que ce soit (outils professionnels et personnels), en dehors de ses heures de travail. Les salariés bénéficient, en théorie au moins, d'un tel droit. Comme bon nombre de créations législatives, il est le produit de la pratique. Son histoire commence au début des années 2000, avec un jugement invalidant le licenciement d'un salarié qui avait refusé de répondre à des appels téléphoniques en dehors de son temps de travail. Elle se poursuit par la conclusion d'un certain nombre d'accords d'entreprise emblématiques. En Allemagne, Volkswagen met en place en 2011 un dispositif de mise en veille des serveurs les soirs et week-ends, tandis que Daimler crée, en 2014, à destination de 100 000 de ses salariés, le dispositif du *mail on holiday*. Les courriels envoyés aux salariés durant leurs congés étaient suivis d'une réponse automatique redirigeant l'interlocuteur vers des contacts disponibles ou l'invitant à réexpédier son message au retour de l'intéressé. En France, un accord collectif de branche est signé la même année reconnaissant une « obligation de déconnexion des outils de communication à distance » pour les cadres travaillant au forfait jours, afin de garantir le respect des durées minimales de repos. Le législateur français sera le premier à prendre le relais des partenaires sociaux, en 2016, suivi par plusieurs pays voisins, notamment l'Italie, l'Espagne, le Portugal et la Belgique.

La reconnaissance au sein du Code du travail français d'un « droit à la déconnexion » est malheureusement trompeuse, puisque ce prétendu droit se résume à une obligation de négocier un accord collectif. Pouvait-on aller plus loin ? Certes, on peut comprendre que le législateur n'ait pas été jusqu'à un devoir de déconnexion consistant à interdire purement et simplement au salarié de se connecter en dehors de ses heures de travail ! Pour autant, se contenter d'une obligation de négocier et prévoir que, faute d'accord, les règles de déconnexion seront fixées unilatéralement par l'employeur par le biais d'une charte est très insuffisant. L'hyperconnexion met en cause à la fois le droit au respect de la vie personnelle et le droit au repos, comme le reconnaît le législateur lui-même lorsqu'il prévoit que « l'employeur organise l'activité du travailleur de telle sorte que son temps quotidien de travail sur écran soit périodiquement interrompu par des pauses ou par des changements d'activité réduisant la charge de travail sur écran[22] ». Plutôt que de renvoyer à la décision unilatérale de l'employeur, les bonnes pratiques issues des accords Télétravail pourraient servir de modèle au législateur pour définir des règles précises applicables faute d'accord : définition détaillée d'horaires de déconnexion, instauration de journées sans connexion, envoi d'une alerte au salarié lorsqu'il se connecte en dehors de ses heures de travail (à destination des seuls salariés soumis à des horaires prédéfinis), interdiction d'emporter le téléphone et l'ordinateur professionnels durant les congés, fermeture de l'accès au serveur à certaines heures, ou encore organisation d'une réunion avec le manager lorsqu'un nombre déterminé de connexions hors temps de travail a été constaté sur la semaine ou le mois.

Sans nul doute ne protégera-t-on jamais assez la sphère privée du salarié sur son lieu de travail comme en dehors ! Il serait cependant illusoire de croire qu'on réglera les problèmes en construisant des échappatoires, ce d'autant que, parfois, l'entreprise peut être pour le salarié un lieu de protection face aux risques de la vie privée. Le Québec oblige depuis 2021 les entreprises à prendre des mesures pour assurer la protection, sur les lieux de travail, du travailleur exposé à une situation de violence physique ou psychologique, incluant la violence conjugale, familiale ou à caractère sexuel. Cela se traduit par des actions de sensibilisation et, pour les télétravailleurs victimes de violence sur leur lieu de vie, par un droit de retour au bureau. Même si les principes généraux de prévention pourraient être mobilisés, un dispositif comparable au dispositif canadien est souhaitable en France. Le dispositif de harcèlement moral ne pourra pas être mobilisé puisque les actes commis par des tiers qui n'exercent pas de fait ou de droit, pour le compte de l'employeur, une autorité sur le salarié ne peuvent être constitutifs d'un tel harcèlement.

Face au tableau qui vient d'être décrit, de trop nombreux salariés sont susceptibles de tomber dans la dépression. D'autres vont se désinvestir en se réfugiant dans autre chose que le travail ou dans un travail le plus éloigné possible, tant d'un point de vue géographique que mental, de l'entreprise, ce qui est une autre manière de se protéger. D'autres enfin vont fuir en dehors du salariat et se réfugier dans le travail indépendant, avec la fausse croyance en un monde meilleur. Plus de patron, plus de supérieur hiérarchique, plus de surveillance, plus d'objectifs imposés par autrui… Le graal ?

CHAPITRE 5

Le faux graal du travail indépendant

Pour ne pas subir la pression de l'entreprise, les objectifs irréalisables, le harcèlement... rien de mieux que de sortir du salariat ! Ne recevoir ni ordres ni directives, ne pas être surveillé, gérer soi-même son emploi du temps, se fixer ses propres objectifs... Les jeunes, qui n'ont pas le même rapport à l'autorité que les générations précédentes, n'ont jamais été autant attirés par le travail indépendant, synonyme de liberté (d'ailleurs le terme « free-lance » inclut le mot « liberté ») et de modernité, aux antipodes du salariat qui renverrait à une vision passéiste, voire passive de la société. Au vieux monde en quelque sorte ! Selon une enquête réalisée par Malt, l'une des principales plateformes de free-lancing, la première motivation à passer au travail indépendant est le souhait d'avoir davantage d'autonomie dans la définition du temps (81 %) et du lieu (73 %) de travail[1]. Il y a aussi cette idée qu'on gagnera forcément plus, beaucoup plus, en tant qu'indépendant. Il y a surtout cette aspiration à être son propre patron, en délimitant soi-même sa charge de travail (on est libre de refuser une mission) et en fixant ses propres objectifs. Autrement dit, une autonomie au sens plein du terme, purgée des vices dénoncés dans les chapitres qui précèdent.

L'exemple des plateformes du type Uber flirtant avec ce discours « moderniste » qui survalorise le changement et la modernité est emblématique des désordres du monde du travail tant dans les actes que dans les paroles. Emblématique parce qu'on y rencontre à la fois ce désir frénétique, manifeste dans les enquêtes menées auprès des chauffeurs VTC, d'être son propre patron, et des demandes croissantes de protection de la part de travailleurs qui, bien qu'indépendants, développent des revendications, en matière de conditions de travail, de dialogue avec la plateforme, de salaires, d'accès au chômage... en principe apanage des salariés. Cet exemple est aussi utile pour lever les nombreux faux-semblants soulevés par l'essor du travail indépendant : le passage du salariat au travail indépendant serait le chemin de la modernité, tout le monde aspirerait à être indépendant, l'indépendance juridique rimerait avec la liberté économique... L'autonomie sans la protection, autrement dit le travail indépendant, n'est pourtant pas le graal tant espéré.

Une modernité en trompe-l'œil

Commençons par couper court à une idée reçue sur la prétendue modernité du travail indépendant ! Le salariat s'est développé, au XIXe siècle, en réaction au travail indépendant, au bénéfice de travailleurs qui ne voulaient plus du risque économique lié à l'indépendance, qui désiraient se libérer du travail à la tâche et des aléas liés au remplissage du carnet de commandes. Des travailleurs qui ne voulaient plus être payés au prix du marché mais au temps ! Les ouvriers en ont été les premiers bénéficiaires, avant qu'ingénieurs et cadres ne soient eux aussi attirés par un statut dont ils ont été, en raison de leur position de force, en mesure d'aménager les modalités en leur faveur, par une retraite qui leur est propre, des salaires supérieurs et, plus largement, des avantages spécifiques accordés par les conventions collectives. On retrouve pareil mouvement dans les pays qui nous entourent et plus encore dans les pays en développement, la montée du salariat ayant accompagné la croissance économique et le progrès social. C'est dire qu'il est trompeur de présenter, comme c'est trop souvent le cas, le salariat comme le vieux monde et le travail indépendant comme le nouveau monde ! Si l'on prend un autre exemple, celui du télétravail, qu'y a-t-il de nouveau dans le fait de travailler chez soi, à part le recours aux technologies de l'information et de la communication ? Les débuts de l'ère industrielle ont conduit au contraire le travailleur du domicile vers l'usine, pour répondre à l'impossibilité évidente d'accueillir à la maison un centre d'usinage ou une machine à vapeur[2].

De la même manière, les « microtâcheurs », incarnations de la modernité attachée au travail indépendant, sont-ils si différents des « tâcherons » du XIXe siècle, sortes de sous-traitants qui exécutaient des tâches avec famille et enfants sans que le « maître » contrôle d'une quelconque façon les conditions dans lesquelles elles étaient réalisées ? Le recours à des intermédiaires et la parcellisation du travail en tâches sont déjà présents dans le travail du XIXe siècle en France, comme dans bien d'autres pays dont le Royaume-Uni. Si le travailleur du clic n'arpente pas les rues de Paris ou de Londres à la recherche de clients[3], il surfe sur les différents forums à la recherche de tâches à effectuer. Est-on en présence de conceptions fondamentalement différentes du travail ? Bien qu'équipé d'algorithmes et assisté par l'intelligence artificielle, le travail à la tâche qui prolifère dans des domaines (l'informatique, le numérique, etc.) évidemment inconnus il y a deux siècles, à l'époque des mines et de la filature, est un symbole trompeur de modernité.

Malgré ces constats, impossible d'échapper aux slogans présentant le travail indépendant et l'entrepreneuriat comme le futur du travail : « Si, comme beaucoup de salariés, vous souhaitez changer de vie pour lui donner plus de sens, l'idée de devenir autonome en créant votre propre entreprise vous a sûrement déjà traversé l'esprit. Mais passer du statut de salarié(e) à celui d'entrepreneur(e) n'est pas chose facile et vos interrogations sont certainement nombreuses[4]. » Il est d'autant plus difficile de résister à ce phénomène qu'il se nourrit, en partie au moins, des conditions de travail dégradées offertes par le salariat. Les « mompreneures », du nom de ces femmes avec enfants en bas âge qui décident de devenir entrepreneuses pour sortir du salariat, l'illustrent très bien[5]. Leur but : mieux concilier vie familiale et vie professionnelle et échapper aux inégalités salariales entre femmes et hommes.

Bien que des inégalités de traitement existent, quel que soit le statut du travailleur, la rhétorique des promoteurs du travail indépendant est bien rodée, et répétée à l'envi à l'occasion des contentieux en requalification. « Les chauffeurs ne veulent pas renoncer à leur liberté de choisir si, quand et où travailler », soutient le directeur d'Uber pour l'Europe du Nord, tandis que celui de Deliveroo Royaume-Uni affirme que « si les chauffeurs étaient des salariés, nous ne pourrions pas leur offrir le même degré de flexibilité [...] nous devrions restreindre certains avantages que nous aspirons à fournir en tant qu'entreprise[6] ».

Cet appel à fuir le salariat se nourrit d'une critique acerbe du droit du travail, très présente du côté des plateformes et des start-up. La législation sociale imposerait des charges sociales insupportables qui diminueraient d'autant la rémunération du travail, même si on oublie avec ce type de discours qu'en France, contrairement à des pays comme la Suisse ou les États-Unis, le coût du travail inclut la protection sociale. Elle briderait la liberté du salarié en le subordonnant à autrui, en l'enfermant dans des contraintes de temps qui l'empêcheraient de travailler plus pour gagner plus. Elle limiterait surtout le jeu de la liberté entrepreneuriale. Car c'est la réglementation tout entière qui est mise en cause, accusée de protéger les entreprises dominantes, de freiner l'entrée sur le marché par l'imposition de barrières, de désavantager les consommateurs qui paieraient leurs biens plus cher et les travailleurs qui seraient moins rémunérés. Il faudrait, en somme, brûler le Code du travail pour laisser place à l'autoréglementation, par le biais de chartes et autres codes de bonne conduite. On se souvient que les chauffeurs VTC ont construit leur modèle sur la non-application de la réglementation applicable aux taxis, avec un succès très éphémère puisque le législateur a répondu par l'adoption d'une réglementation spécifique : examen préalable, exigences liées au véhicule, obligation de réservation...

À l'évidence, il faut se défier de la tentation, au nom d'une certaine idée de la modernité, de fustiger les cadres existants comme étant obsolètes, rigides, sclérosants, d'abord parce que la nouveauté n'est pas en soi un signe de progrès, ensuite parce que, sous couvert d'une prétendue inadaptation de la législation qu'il faudrait « déverrouiller », la critique remet en cause le principe même d'un droit de protection des salariés et, avec lui, deux siècles de législation sociale. On va présenter le *business model* comme « disruptif » pour soutenir que les règles en vigueur, dont le Code du travail, sont inappropriées, voire purement et simplement inapplicables. Ce raisonnement conduit à présenter l'économie collaborative comme ne répondant, du fait de sa supposée modernité, à aucun des cadres juridiques existants et comme devant, par conséquent, en être exemptée. Il faudrait, à le suivre, reconnaître les formes de travail qu'elle accueille pour ce qu'elles sont, c'est-à-dire ni un emploi salarié ni un travail indépendant.

Ce qui inquiète ici n'est pas l'appel à l'esprit d'entreprise. Il n'est nullement question de nier les mérites de ceux qui créent leur propre entreprise, qui assument le risque économique et nourrissent le salariat en générant de l'emploi. Le problème tient aux valeurs que véhiculent certaines visions modernes de l'entrepreneur, en particulier chez les jeunes. Ces valeurs s'incarnent dans la figure aujourd'hui omniprésente de l'influenceur. Une figure qui fait du mal au salariat en donnant l'impression que l'on peut gagner beaucoup d'argent en ne faisant pas grand-chose, en se contentant d'être populaire puisque la valeur marchande de l'influenceur dépend principalement du nombre de ses *followers* ! Même si l'impression est souvent trompeuse, bon nombre d'influenceurs exerçant leur activité en raison d'un passé de sportif de haut niveau, d'acteur, de mannequin… et pas d'une recherche stérile de popularité, elle existe et contribue à ringardiser le salariat. Ce sont plus largement toutes ces formes « agiles » de travail en lien avec le numérique, exercées principalement en tant qu'indépendant, qui y contribuent : les *digital workers*, les *crowdworkers*, les *slashers*... et parmi les derniers-nés, les *gamers*. Le rêve serait à portée de main ! Celui de travailler à l'autre bout du monde, dans un lieu paradisiaque, en dehors de toute contrainte humaine ou organisationnelle puisqu'on est son propre patron ! Celui, pour les accrocs aux jeux vidéo, de transformer leur activité préférée en travail suivant le modèle du *play to earn* ! Tous sont en *workation*, pour reprendre ce terme à la mode qui mixe *work* (« travail ») et *vacation* (« vacances »).

Une précarité sans couverture

Et pourtant le tableau n'est pas aussi idyllique qu'il y paraît. Les problèmes de santé au travail ne sont pas réservés aux salariés. Ce n'est pas pour rien qu'il est recommandé aux indépendants de souscrire une assurance volontaire accidents du travail et maladie professionnelle et que le législateur a, en 2021, étendu à ces travailleurs ainsi qu'aux chefs d'entreprise le suivi de la santé au travail. Le temps de travail moyen des indépendants est nettement supérieur à celui des salariés (1 971 heures contre 1 664 heures en moyenne par an[7], 50 heures 56 minutes contre 36 heures 21 minutes par semaine selon une autre étude[8]) et, souvent payés à la tâche, ils sont particulièrement exposés à la prise de risque, à l'image des livreurs poussés à rouler dangereusement pour faire le maximum de courses. Faut-il de même s'étonner que la protection contre la discrimination au travail, traditionnellement associée au travail salarié, bénéficie aussi aux indépendants ?

L'insécurité économique assombrit un peu plus le tableau. Rien ne s'oppose, comme le pratiquent certaines plateformes, à ce que la rupture du contrat se résume à l'affichage d'un message « erreur » lorsque le travailleur se connecte pour commencer sa nouvelle journée de travail. Comportement qui serait évidemment illicite si le travailleur était salarié ! La précarité est certes très présente dans le salariat. Elle est néanmoins encadrée, par un droit à l'assurance-chômage, par une protection contre le licenciement pour les titulaires de CDI et un encadrement du recours aux CDD. Bien que synonyme de précarité, surtout pour les très nombreux contrats de moins d'un mois, le CDD n'en est pas moins plus encadré que le contrat de prestation de services que concluent les indépendants avec leurs entreprises clientes. Le droit du travail limite les cas de recours au contrat à durée déterminée, la durée et le nombre de ses renouvellements, encadre la rupture et aligne l'essentiel des conditions de travail sur celle des contrats à durée indéterminée (rémunération, temps de travail, congés, etc.), ce qu'il ne fait nullement pour les contrats conclus par les indépendants.

À propos des tisserands du Lancashire, Friedrich Engels disait en 1845 que « ces pauvres malheureux sont les premiers à être virés de leur travail quand il y a une crise commerciale, et les derniers à être réembauchés lorsque la situation s'améliore[9] ». En France, à la fin du XIXe siècle, les travailleurs à domicile – indépendants – se trouvaient déjà en difficulté pour payer leurs loyers à Paris, de surcroît lorsque, non salariés, ils devaient attendre le paiement de leur prestation[10]. Aujourd'hui, récolter des tweets ou des posts sur tel produit et les classer selon qu'ils sont bons, mauvais ou neutres, compléter des formulaires en recherchant le numéro Siret sur Internet, transcrire des documents papiers en documents numériques à quelques centimes d'euros la page suffit rarement à obtenir un revenu décent à la fin du mois. Ce d'autant que les entreprises donneuses d'ordre se refusent à confier à un seul et même travailleur l'ensemble des tâches requises pour mener à bien la mission. Pour en garantir la réalisation dans le délai imparti (un temps record la plupart du temps), elles parient sur le fait de mobiliser une foule de travailleurs (d'où le terme de *crowdworkers*) qui exécuteront leur tâche en même temps. La position de l'influenceur n'est guère plus enviable, tout entière tributaire de l'opinion publique qui causera sa perte si un événement malheureux, un comportement délictueux ou une fausse rumeur viennent faire chuter son nombre de *followers* ! Cette précarité assumée, parfois revendiquée (le terme *job hoppers* est aujourd'hui utilisé pour désigner ces nombreux jeunes changeant régulièrement et délibérément d'emploi), qui ferait presque passer le CDI et, au-delà, la notion même d'emploi, pour désuets, est une source de souffrance pour nombre d'indépendants.

Faut-il s'étonner que, avec les chômeurs, les dirigeants d'entreprise et les artisans commerçants soient ceux qui songent le plus au suicide ? Sans sécurité de revenu, à la merci de mauvais avis – honnêtes ou malhonnêtes – susceptibles de ruiner leur réputation et de ce fait la survie économique de leur activité, les indépendants sont très vulnérables. Ils ont aussi plus de mal à obtenir un prêt bancaire ou un bail d'habitation. Difficile d'être surpris que les jeunes médecins soient attirés par le salariat ! « Ces dernières années, de nouvelles tendances ont émergé chez eux. La majorité privilégie ainsi le statut de salarié ou l'exercice hospitalier », peut-on lire sur un site spécialisé.

Un jeune médecin raconte au *Quotidien du médecin* avoir fait ce choix, comme bon nombre de ses confrères, pour bénéficier des 35 heures, des congés payés, de la sécurité en cas de maladie ou du paiement des heures supplémentaires[11]. La comparaison entre le statut d'indépendant et celui de salarié est en effet sans appel. Pas de salaire minimum, pas de limitation de la durée du travail, pas de congés payés, pas de droit du licenciement, un accès très limité à l'assurance-chômage...

Indépendance sous contrainte

Malgré une tendance favorable au travail indépendant, il faut raison garder. Même si la montée du travail indépendant est un fait, avec aujourd'hui 57 % des entreprises françaises qui y ont recours, un peu plus de 4 millions d'indépendants enregistrés à l'Urssaf, dont la moitié de microentrepreneurs, contre 1 million de moins il y a dix ans, et, selon *Forbes*, une augmentation de 145 % durant la dernière décennie à l'échelle du monde, les chiffres restent très favorables au salariat. On compte, pour l'heure, seulement 11 % de travailleurs indépendants en France, 14 % en moyenne en Europe. Plus qu'un choix mûrement réfléchi et documenté, l'aspiration à travailler sans contraintes masque souvent, surtout chez les jeunes, une méconnaissance des avantages du salariat et une prise de conscience insuffisante (l'insouciance de la jeunesse ?) de l'importance de la protection. Elle est donc réversible. C'est quand on est malade qu'on réalise l'utilité du système d'assurance maladie, et lorsqu'on est en passe de perdre son emploi que l'on prend conscience de l'importance du droit du licenciement et de l'indemnisation du chômage. C'est aussi lorsqu'on travaille 12 heures par jour que l'on prend conscience de l'intérêt d'une limitation de la durée du travail. Surtout, même si nul ne met un pistolet sur la tempe du travailleur pour forcer son consentement, son choix est souvent contraint.

Pour ceux qui peinent à être recrutés en tant que salariés, notamment parce qu'ils sont discriminés à l'embauche, la motivation à créer leur propre activité n'est pas d'augmenter les gains, mais plus simplement de trouver une porte d'entrée vers le marché du travail. Ces personnes ne sont pas en position de force pour négocier quoi que ce soit ! D'autres sont poussées par des employeurs peu scrupuleux attirés par des économies de charges, qui soit font directement appel à de faux indépendants, soit imposent à leurs propres salariés de se « faire licencier » pour être repris ensuite en tant que microentrepreneurs. Ces phénomènes sont bien connus dans les chantiers de construction où il arrive régulièrement qu'un inspecteur du travail découvre que les maçons travaillent quotidiennement sur le chantier, avec des horaires imposés, sous les ordres d'un chef de chantier… et que pourtant, ils exercent en tant qu'artisans ! Ces mêmes phénomènes sont aujourd'hui incarnés par ces plateformes qui font de l'immatriculation en tant que microentrepreneur une condition de recrutement de leurs chauffeurs et livreurs. Elles refusent, sauf quelques très rares exceptions (Justeat, Side), d'être considérées comme des employeurs, même si elles font travailler autrui à leur profit en se nourrissant de la commission prise sur la course. Avec cette stratégie, le travailleur sera présumé indépendant et aucun des devoirs d'employeur ne s'appliquera, pas davantage que le paiement des cotisations sociales.

Le *business model* des plateformes leur permet aussi de gérer l'intermittence à moindre coût, sans passer par la conclusion d'un CDD ou par celle d'un CDI intermittent, dispositif peu pratiqué qui oblige à verser une rémunération au salarié pendant les périodes non travaillées. En passant par des microentrepreneurs, la plateforme dispose d'une main-d'œuvre disponible qui ne sera payée que si elle a des tâches à lui confier. Quelle meilleure illustration de cette lutte acharnée des plateformes pour le travail indépendant que cette campagne de lobbying de plus de 200 millions de dollars contre la loi californienne de septembre 2019, qualifiée à l'époque de loi anti-ubérisation parce qu'elle appliquait aux travailleurs de plateformes une présomption de salariat ! Lutte qui s'est soldée par un référendum victorieux maintenant les travailleurs des plateformes en dehors du salariat tout en leur accordant – en théorie tant ces prescriptions sont appliquées *a minima*, voire inappliquées par les plateformes – certains droits en matière de rémunération et d'assurance.

Le travail indépendant ne fait finalement que substituer à la subordination vis-à-vis d'un employeur un état de dépendance au marché et, derrière le marché, aux clients. Nombre de ces travailleurs se retrouvent à assumer les risques de leur activité sans avoir la pleine maîtrise des conditions qui feraient que ces risques ne se réalisent pas, et ce pour des gains très aléatoires en termes de rémunération ! L'indépendant n'est pas toujours – loin de là – en position de force pour fixer sa rémunération, comme l'illustre l'impuissance des chauffeurs Uber face à la décision de la plateforme, une fois obtenu un nombre suffisant de chauffeurs, de baisser le tarif des courses de 20 % à Paris et de passer sa commission de 20 à 25 %. Autre exemple, là où le mannequin, que le Code du travail assimile à un salarié, disposera de ressources juridiques pour s'opposer à ce que son agence, à laquelle il est lié par un CDI, lui impose un régime alimentaire (une loi de 2017 impose un IMC minimum), seul le marché va déterminer la perte de poids ou l'opération de chirurgie esthétique de l'influenceur en free-lance à la recherche de clients ! Même s'il a droit, comme toute personne, au respect de sa dignité, de sa santé et de sa vie privée, à qui les opposera-t-il ? Le marché n'est pas une personne juridique à qui l'on peut demander réparation.

Face à la montée du travail indépendant, sous des formes qui placent les travailleurs dans des situations de plus en plus précaires, réagir est d'autant plus nécessaire que le phénomène des travailleurs des plateformes, qui concentre une part importante de cette précarité, devrait, dans les toutes prochaines années, dépasser les 50 millions de travailleurs sur le sol européen.

Des solutions hybrides

Dans le sillage de la très restrictive extension de l'assurance chômage aux indépendants, une première réaction consiste à définir des protections à destination des travailleurs indépendants. Pas de tous les travailleurs indépendants, mais de ceux qui requièrent une protection particulière, à savoir précisément – constat quasi unanime dans les pays qui nous entourent même si les critères diffèrent – les travailleurs économiquement dépendants. On entend par là des travailleurs entièrement libres dans l'organisation de leur travail, exempts de tout contrôle et surveillance de leur donneur d'ordre, mais tirant l'essentiel, voire la totalité de leurs revenus (certains pays définissent un pourcentage, d'autres se fondent sur des critères qualitatifs) d'un ou deux clients. Plutôt que d'en faire des salariés, l'Allemagne, l'Italie, l'Espagne et le Royaume-Uni ont fait le choix de créer un troisième statut, sorte de sous-statut logé entre le salariat et l'indépendance. Les actions en justice des chauffeurs Uber, au Royaume-Uni, se sont ainsi soldées par une requalification en *worker*, catégorie intermédiaire entre salarié et indépendant, ce qui ne rend applicable qu'une partie de la législation du travail.

En France, l'idée d'un troisième statut a été envisagée, en 2016, lorsqu'il est devenu urgent d'assurer un minimum de protection aux travailleurs des plateformes. Fallait-il en profiter pour créer ce troisième statut ? Le choix a été fait de créer des protections intermédiaires à l'attention, non des travailleurs économiquement dépendants dans leur ensemble, mais de la catégorie ciblée des travailleurs de plateformes. Ces droits, très inférieurs à ceux des salariés, incluent, dans le cas spécifique des travailleurs des plateformes de mobilité (chauffeurs de VTC et livreurs), celui de désigner des représentants qui auront qualité pour négocier avec la plateforme des accords collectifs de travail. Cette ouverture au dialogue social est à l'origine du premier revenu minimum des chauffeurs VTC, négocié à 7,65 euros par course et revalorisé en 2024 à 9 euros. Outre la faiblesse des protections, le chemin est incertain en l'absence de tradition de dialogue social au sein de la population des travailleurs indépendants, comme en attestent les inquiétudes affichées, à juste titre, par nombre de syndicats à l'égard d'un régime conçu en dehors du salariat.

Le salariat comme modèle

Bien que la France ait fort heureusement renoncé à créer un troisième statut, avec le risque connu des pays qui l'ont adopté, notamment l'Italie, de basculements massifs, voire forcés, de salariés vers ce nouveau statut, la direction suivie par le législateur français pour les travailleurs des plateformes, à savoir créer des protections en dehors du salariat, ne doit pas nous détourner du modèle du salariat. Le fait que la Commission européenne ait poussé en faveur d'une présomption de salariat pour les travailleurs des plateformes, malgré un lobbying très puissant des plateformes et le souhait affiché par bon nombre de chauffeurs VTC d'exercer sous le statut d'indépendant, illustre très bien la centralité du modèle salarial. L'idée sous-jacente est que le salariat est et doit rester le mode « normal » d'organisation du travail au service d'autrui, à la fois pour garantir aux travailleurs une protection adéquate, pour uniformiser la concurrence et pour promouvoir l'intérêt de l'entreprise.

Sans occulter l'intérêt financier que nombre d'entreprises peuvent trouver dans l'évitement du salariat, on ne construit pas une organisation digne de ce nom sans collectivité de travail, avec des free-lances qui ne se connaissent pas, dont la disponibilité pour l'entreprise dépend de l'importance de leurs missions pour d'autres clients, qui ne sont liés à l'entreprise que par un contrat commercial et sur lesquels celle-ci ne peut par définition exercer les pouvoirs que confère un contrat de travail (direction, sanction, contrôle). On en arrive dans certains secteurs, notamment l'informatique, où la proportion de free-lances ne cesse d'augmenter, à des problèmes de gestion du personnel au sein d'équipes mixtes, pouvant aller jusqu'à justifier la création d'un poste de *chief freelance officer* tout entier dédié au management des free-lances ! Le *business model* des plateformes, fondé sur l'évitement du salariat, est peut-être viable économiquement, encore qu'il ait fallu attendre 2023 pour qu'Uber dégage son premier bénéfice annuel. À supposer que certaines plateformes – nous excluons ici les plateformes du type Airbnb qui n'organisent pas le travail d'autrui – se comportent réellement, comme elles le prétendent, en simples dispositifs de mise en relation, le schéma n'est en tout état de cause pas transposable à la très grande majorité des entreprises, qui fonctionnent comme de véritables organisations.

Faire du salariat le modèle à suivre implique, entre autres, de le protéger contre les stratégies de concurrence et autres montages plus ou moins frauduleux. On a vu naître des contentieux à l'initiative d'entreprises d'intérim qui accusent un certain nombre de plateformes de contourner la législation sur le travail temporaire en faisant appel à des microentrepreneurs pour des missions de courte durée dans le secteur de l'hôtellerie et de la restauration, pour des missions d'enquête ou de télémarketing ou des fonctions d'hôtesse. Des missions que les entreprises de travail temporaire, dont le régime est conçu autour du salariat, n'ont le droit d'organiser que dans le cadre d'un contrat de travail ! L'intérimaire est nécessairement un salarié, principalement en CDD, rarement en CDI. Brigad, une start-up spécialisée dans les missions temporaires dans l'hôtellerie-restauration et l'événementiel, qui fait de l'appel à des free-lances un facteur d'attractivité, fait partie de ces plateformes accusées de concurrence déloyale.

Autre stratégie en plein essor, celle qui consiste à passer par la sous-traitance. Concrètement, des sous-traitants souvent occultes et peu respectueux de la législation applicable (l'exploitation d'individus en situation précaire, souvent sans-papiers, par certains réseaux de sous-traitance est un phénomène bien connu) embauchent des travailleurs qui vont exercer leur activité pour une entreprise utilisatrice, avec des risques aggravés en matière de santé et sécurité et des difficultés à identifier les responsables en cas d'accident. Le risque d'accidents du travail chez les salariés des sous-traitants constitue d'ailleurs une préoccupation majeure lors de la préparation de grands événements. Une préoccupation présente au moment de la préparation des jeux Olympiques de Paris où un réseau de sous-traitance illégale faisant appel à des ouvriers sans papiers a été démasqué.

Le choix français en faveur du salariat est ancien, y compris pour des professions dont la nature rend difficile la réunion des critères traditionnels de la subordination. Cela s'est traduit, pour les travailleurs sujets à une forte indépendance professionnelle (médecins, avocats ou encore experts-comptables souhaitant acquérir le statut de salarié) et donc peu susceptibles d'être dirigés dans leur travail, par la possibilité de pallier l'absence de pouvoir de direction en prouvant qu'ils travaillent au sein d'un service organisé par autrui.

Ce choix s'est aussi concrétisé dans une politique d'assimilation au salariat visant certaines professions pour lesquelles l'application des critères de subordination est également très aléatoire, principalement mannequins, assistantes maternelles, gérants non-salariés, artistes et journalistes. Intéressante, l'approche présente l'inconvénient d'être ouverte à l'influence des lobbies.

Pourquoi telle profession et pas telle autre ? Les menaces des dirigeants d'Uber de quitter le pays si l'entreprise était soumise au salariat ont probablement joué dans le choix politique de ne pas ajouter à la liste les travailleurs de plateformes. La question se pose de la même manière pour les influenceurs, à la nuance près qu'une proportion significative d'entre eux sont soit artistes (si le contrat prévoit le tournage d'une vidéo par la marque ou que l'influenceur incarnera un rôle défini), soit mannequins (si le contrat prévoit l'exploitation de l'image de l'influenceur), professions figurant d'ores et déjà dans la liste de celles bénéficiant d'une assimilation au salariat. Pour les influenceurs qui ne sont ni artistes ni mannequins, seule la caractérisation d'un lien de subordination leur permettra de bénéficier des protections du droit du travail. Il en ira ainsi s'ils sont en lien direct avec la marque sans passer par une société prestataire, s'ils sont tenus de se rendre sur les lieux de la marque pour effectuer un shooting, si des horaires sont imposés par la marque, si le matériel est fourni par cette dernière, si par ailleurs elle exige une validation du contenu avant publication et s'accorde le pouvoir d'exiger la suppression d'un post ou la modification de son contenu, et si elle rédige elle-même ou contrôle les posts accompagnant la vidéo[12]. Un contrat de travail qui ne sera généralement reconnu qu'en allant aux prud'hommes, les marques n'ayant guère intérêt à officialiser le fait que celles et ceux qui vantent leurs produits sont liés à elles par un lien de subordination.

Requalifications en contrat de travail

La réaction à la montée du travail indépendant tient en effet principalement dans le droit de faire requalifier un faux contrat d'indépendant en contrat de travail, peu importe la dénomination donnée par les parties à leur contrat. Cette indifférence à la désignation du contrat constitue la condition *sine qua non* pour déjouer la stratégie, évoquée plus haut, consistant à masquer un travail salarié sous les habits du travail indépendant. La très commentée affaire Aslam contre Uber, au Royaume-Uni, est particulièrement significative du refus ô combien légitime des juges d'être liés par les arrangements, voire les maquillages visant à présenter comme relevant du travail indépendant une relation qui a toutes les caractéristiques du salariat. Les juges britanniques ne se sont pas contentés de rappeler qu'on était en présence d'un contrat non négocié (le Code civil français utilise aujourd'hui la jolie expression de « contrat d'adhésion ») en affirmant qu'« il est peu probable que de nombreux conducteurs aient jamais lu ces conditions ou, même s'ils les ont lues, qu'ils en aient compris la portée juridique, qu'en tout état de cause, il n'y avait aucune possibilité pratique de négocier des conditions différentes[13] ». Ils ont ajouté avoir été « frappés par les efforts remarquables fournis par la société Uber pour imposer un accord avec sa – peut-être devrions-nous dire celle de ses conseils – description d'elle-même et avec son analyse des relations juridiques entre elle, les chauffeurs et les passagers ».

Ces stratégies sont particulièrement coutumières des plateformes qui, comme nous l'avons vu, ont fait de l'évitement du salariat la quintessence de leur modèle. Pour éviter tout écho au salariat, le chauffeur est un « client » et le passager un « utilisateur ». On ne sanctionne pas mais on émet des *strikes*. La plateforme va s'immiscer dans la relation entre le client et le chauffeur (tenue correcte, musique au sein du véhicule, couleur du véhicule, voire affichage d'un symbole sur la carrosserie à l'instar de la fameuse moustache rose que les chauffeurs de Lyft ont dû poser sur leur véhicule jusqu'en 2016), mais elle se gardera de formuler ses exigences en termes d'obligations, synonymes d'indice de salariat. Uber n'impose pas une tenue correcte mais la recommande : « Pour ce qui est de la tenue, il n'y a pas forcément besoin d'être en costume cravate pour avoir l'air professionnel. Mais, à l'inverse, une tenue négligée ne laisse pas une bonne impression aux passagers[14]. » On prend également soin de formaliser, à l'instar de la plateforme Foule Factory dans ses conditions générales d'utilisation, que « le Fouleur reste libre dans l'exécution de ses tâches. Aucun lien de subordination n'existe entre le Client et les Fouleurs qui agissent de façon indépendante et volontaire ». S'il fallait être encore convaincu que l'on n'est pas en présence de salariés, il est ajouté que « le Fouleur est entièrement indépendant dans l'exécution des tâches qu'il réalise, que ni la Société, ni le Client n'est l'employeur des Fouleurs, que le Fouleur se portant volontaire à une ou plusieurs tâches confirme qu'il n'est soumis à aucune pression ou contrainte, implicite ou explicite de la part du Client ou de la Société et agit de son plein gré dans son choix de projet et de tâches et dans la réalisation de ceux-ci ». L'affirmation des CGU selon laquelle « Le Fouleur dispose à tout moment du droit d'abandonner une tâche en cours en appuyant sur la touche "Retour" ou en cochant la croix de fermeture de page » est d'ailleurs en phase, au mot près, avec la position de la Cour de cassation qui maintient le « travail de la foule » (traduction littérale de *crowdworking*) en dehors du salariat à la condition, précise-t-elle, que le travailleur soit « libre d'abandonner en cours d'exécution les missions proposées[15] ». Suivre les dernières jurisprudences pour adapter les contrats et les conditions générales d'utilisation à l'évolution du droit fait partie intégrante de la stratégie d'évitement du salariat !

Que dire du contrat un temps souscrit par les livreurs de Deliveroo au Royaume-Uni, dont ils n'avaient bien entendu pu négocier la moindre virgule ? À son article 2.2, on pouvait lire : « Vous garantissez en outre que ni vous ni personne agissant en votre nom ne présentera de réclamation devant l'Employment Tribunal ou tout autre tribunal civil pour prétendre que vous êtes un *employee* ou un *worker* ». Il était ajouté à l'article 2.3 que « si, en dépit de la clause 2.2 ci-dessus, vous ou toute personne agissant en votre nom présentez une demande devant le tribunal du travail ou tout tribunal civil, qui ne pourrait être traitée que si l'on soutenait avec succès que vous (ou votre remplaçant) êtes un *employee* ou un *worker* » au sens de la législation du travail, vous vous engagez à « indemniser l'employeur de tout préjudice subi et vous acceptez que Deliveroo puisse compenser toute somme qui vous est due par des dommages et intérêts, indemnités, frais ou autres sommes qui pourraient vous être accordés dans le cadre de cette procédure[16] ». Ces clauses, qui frisent la caricature, n'ont fort heureusement pas résisté aux critiques de la commission parlementaire saisie sur le sujet. Elles n'en restent pas moins révélatrices de l'énergie que les plateformes sont prêtes à déployer pour éviter le salariat, à l'image des clauses d'arbitrage par lesquelles le travailleur renonce purement et simplement à tout recours devant un juge. Une clause liant Uber et ses chauffeurs canadiens, fort heureusement annulée par la Cour suprême d'Ontario, prévoyait rien de moins que l'obligation de porter tout litige devant une procédure d'arbitrage aux Pays-Bas moyennant des frais initiaux de 14 500 dollars américains[17] !

De la subordination au contrôle

Même si les stratégies d'évitement peuvent être combattues en agissant en requalification, ce type d'action, individuelle de surcroît, puisque l'action de groupe n'est pas reconnue pour les contentieux en requalification, ne traite pas le problème à la racine. La requalification en contrat de travail ne concerne, par définition, que les indépendants qui en font la démarche, excluant une grande majorité d'entre eux, soit qu'ils n'ont pas connaissance de la possibilité d'agir en requalification, soit qu'ils ne souhaitent pas s'engager dans une telle action par crainte d'être déboutés ou discrédités dans leur secteur d'activité, soit tout simplement parce que le statut de salarié ne les attire pas. L'attraction vers le travail indépendant ne peut, en effet, être uniquement analysée comme la manifestation de l'appétit dévorant de groupements désireux de prospérer sur le dos de leurs travailleurs. Elle est aussi le symptôme du manque d'attractivité du salariat, pour les entreprises aussi bien que pour leurs travailleurs qui, comme nous l'avons vu, ont du mal à concevoir dans le cadre d'une relation fondée sur la subordination un travail qui les épanouisse et soit porteur d'une véritable autonomie.

Le déficit d'image du salariat, auprès notamment des jeunes, est dû en partie à des conditions de travail dégradées, mais aussi à une grammaire dépassée, celle de la subordination. On peut comprendre l'attachement du droit français à la caractérisation d'une relation de pouvoir qui ne soit pas une simple relation de dépendance économique. « La condition juridique du travailleur [salarié] ne saurait être déterminée par la faiblesse ou la dépendance économique dudit travailleur », énonçait la Cour de cassation dans son arrêt Bardou du 6 juillet 1931, jamais démenti depuis. Il est temps, cependant, de sortir de la conception verticale et asservissante du pouvoir que la notion de subordination véhicule. La question n'est pas de savoir si le salariat doit ou non continuer à tirer son existence d'un rapport de pouvoir. Employeur et salariés sont, et resteront, malgré les transformations du travail, dans une relation de pouvoir. Le pouvoir d'une partie, appelée employeur, sur une autre partie, nommée salarié, est de l'essence du contrat de travail. En revanche, la façon dont le pouvoir s'exerce évolue de façon si considérable avec, comme nous l'avons vu, un glissement du pouvoir de direction, central dans l'approche classique du salariat, vers un pouvoir de contrôle, que la notion de subordination est devenue au mieux inadéquate, au pire un frein à toute tentative de réhabilitation du salariat.

Lorsque le travailleur reçoit des objectifs à atteindre plutôt que des tâches à accomplir, lorsque le manager ne définit pas les horaires des télétravailleurs de son équipe, mais exige d'eux qu'ils remplissent chaque fin de mois, voire chaque fin de semaine, un tableau rendant compte du nombre d'heures accomplies dans le seul but d'être en conformité avec la législation sur les repos obligatoires, lorsque le salarié est autonome dans l'organisation de son emploi du temps mais sous surveillance, on est bien en présence de relations de travail salariées. Sous contrôle, ces travailleurs ont vocation à relever du salariat. La notion de subordination rend-elle compte, pour autant, de leur rapport à l'entreprise ? On peut parfaitement être autonome mais contrôlé. On peut beaucoup plus difficilement être à la fois autonome et subordonné, le risque à maintenir le critère de subordination étant de voir des juges s'opposer à la qualification de salarié pour des travailleurs autonomes dans l'organisation de leur emploi du temps, en dehors des cas spécifiques, reconnus par le législateur comme relevant du salariat (cadres en forfait jour, cadres dirigeants). Le risque concerne en particulier les télétravailleurs, comme nous allons le voir.

Les notions d'autonomie et de subordination sont trop antinomiques pour pouvoir être conjuguées dans un même rapport de travail. C'est pourquoi nous proposons de remplacer la définition actuelle du contrat de travail, fondée sur la subordination, par une définition fondée sur le contrôle, autrement dit de substituer à la grammaire désuète de la subordination celle du contrôle, davantage en phase avec les mutations contemporaines du travail et avec l'aspiration des salariés à l'autonomie. La définition pourrait être la suivante : la relation de travail salariée est caractérisée par l'exécution d'un travail sous le contrôle d'un employeur qui a le pouvoir d'en déterminer les modalités d'exercice. À partir de là seraient recherchés un certain nombre d'indices, constitués des différentes modalités de contrôle de l'exercice du travail : la fixation d'objectifs, l'intégration dans un service organisé, la détermination des horaires de travail, du lieu de travail, des tâches à accomplir, la détention du matériel, la surveillance du salarié (géolocalisation, contrôle des mails...), l'évaluation (recours à un système de notation, de classement...), l'obligation de se conformer à certaines méthodes (une politique de formation par exemple) et contraintes liées à l'activité (pour un chauffeur, avoir une voiture de telle couleur, se comporter de telle façon vis-à-vis des clients, avoir des obligations d'entretien et de conduite personnelle du véhicule), assortie, le cas échéant, de sanctions... Conformément à la technique du faisceau d'indices, la relation de travail salariée serait caractérisée lorsqu'un certain nombre d'indices concordants seraient réunis, sans que ce nombre soit prédéfini, si bien que la fixation par le salarié de ses horaires ou de son lieu de travail ne serait pas un obstacle à la reconnaissance d'un contrat de travail.

Ériger le contrôle en critère du contrat de travail, en lieu et place de la subordination, ne remettrait pas en cause la raison d'être de la protection du salarié, c'est-à-dire sa position de faiblesse vis-à-vis de son employeur. Elle permettrait cependant de couper court aux arguments de ceux qui tirent prétexte du déclin, voire de l'obsolescence programmée, de la subordination pour prédire la fin du salariat. Ceux-là mêmes pour qui l'aspiration d'un nombre croissant de travailleurs, à commencer par les jeunes, à être autonomes leur ferme la porte du salariat. Ceux-là mêmes pour qui les télétravailleurs ont vocation, à terme, à ne plus être salariés, tout au moins à être soumis à une réglementation allégée, tirant aussi argument du risque d'une délocalisation massive, déjà largement entamée, des emplois télétravaillables. Une crainte qui a conduit à affirmer dans certains accords Télétravail, alors même qu'une telle affirmation est dépourvue de toute portée normative, que « les parties souhaitent affirmer que le développement du travail à distance n'a nullement pour objectif de favoriser l'externalisation des emplois, la délocalisation des compétences à l'étranger ou encore d'altérer les relations qui unissent l'entreprise à ses collaborateurs, qu'il s'agisse des relations contractuelles, managériales ou humaines[18] ». Si nécessaire soit-il, l'abandon de la grammaire de la subordination ne suffira toutefois pas à réhabiliter le salariat. Un changement de fond d'une tout autre ampleur s'impose pour gérer les défis d'aujourd'hui, mais aussi et surtout ceux qui attendent les salariés de demain. Il implique de faire évoluer la finalité du travail et de l'entreprise qui lui sert de cadre.

CHAPITRE 6

Le temps de l'émancipation

Se rendre au travail sans la boule au ventre, se réjouir de retrouver les locaux de l'entreprise après un ou deux jours de télétravail, se dire lorsqu'on ouvre son ordinateur le matin que l'on va être utile aux autres... Comme nous l'avons vu lors des chapitres précédents, telle n'est pas la réalité pour un nombre trop important de salariés. Une situation qui peut d'autant moins perdurer qu'elle risque de s'aggraver avec le temps. Pour avoir trop tardé à réagir sur la question de l'environnement, en ayant placé pendant tant d'années les considérations économiques au-dessus des considérations environnementales, nous sommes proches du précipice ! Si on tarde encore sur la question du travail, que l'on continue de préférer les considérations financières aux considérations sociales, on va précipiter la fin du salariat et des protections qui lui sont associées. Certes, la disparition du salariat n'est pas pour demain et tous les métiers ne sont pas menacés. Il est toutefois urgent d'inverser la tendance. Les efforts entrepris sur la question de l'environnement doivent l'être tout autant sur la question du travail. Cela veut dire replacer les priorités là où elles doivent être : considérer la personne avant le marché, adapter le travail à l'homme et non l'homme au travail...

À cela rien d'impossible si la volonté de changement est présente. La libération de la parole a permis, comme nous l'avons vu, de dénoncer certaines dérives des évolutions contemporaines du travail, de révéler un nombre croissant de situations de discrimination et de harcèlement, de mettre au jour des pratiques managériales toxiques... Il nous faut aujourd'hui une prise de conscience de la nécessité de changer de modèle sur le travail comme sur l'environnement. La désaffection des jeunes pour les syndicats, avec seulement 5 % d'adhésion du côté des travailleurs de moins de 35 ans, et à peine 2 % de ceux de moins de 25 ans est symptomatique, même si elle traduit sans doute aussi une inadaptation du discours syndical.

On pourra toujours se dire que les jeunes privilégient d'autres formes, moins traditionnelles, de mobilisation et qu'existe une porte de sortie face à la dégradation de la condition de salarié ! La solution qui consiste à s'éloigner de l'entreprise (le télétravail, la semaine de quatre jours), à se désinvestir de son travail (la démission silencieuse) afin de tout concentrer sur sa vie personnelle ou à fuir vers un autre statut (le travail indépendant) n'est satisfaisante ni pour l'intérêt général, ni pour l'entreprise, ni pour les travailleurs eux-mêmes. Le salariat peut et doit se renouveler, en dessinant les contours d'une véritable autonomie, c'est-à-dire d'une autonomie émancipatrice.

Inverser les priorités

Le changement de fond commence par la réhabilitation de la personne du salarié. Non pas en tant que ressource au service d'une entreprise mue par des objectifs exclusivement économiques, mais en tant que personne humaine dont on recherche l'épanouissement avant toute autre chose. Il est temps, en effet, d'admettre que l'intérêt bien compris d'un groupement, fût-il protégé par des libertés économiques, ne peut jamais justifier la souffrance, physique ou mentale, des personnes recrutées pour satisfaire ses intérêts. L'entreprise n'a pas de sentiments, elle ne souffre pas, ne stresse pas. « Les lois sont faites pour les hommes, et non les hommes pour les lois », écrivait Portalis, père du Code civil[1]. Le Code du travail le rappelle tout aussi bien en posant le principe d'« adaptation du travail à l'homme » et le Code de l'environnement en faisant de l'« épanouissement de tous les êtres humains » l'un des fondements du développement durable.

Il y a dans la reconnaissance de ce que le salarié, avant d'être un travailleur subordonné, est une personne, la condition *sine qua non* pour arriver à une autonomie digne de ce nom. L'enjeu est d'autant plus fondamental qu'une nouvelle menace rôde qui pourrait, dans un proche avenir, réduire à néant tout espoir d'autonomie. La menace est celle de la déshumanisation du travail par les machines et, avec elle, l'essor de nouvelles formes d'aliénation, non plus à un employeur mais au marché et à la technologie. La question dépasse le champ du travail tant les enjeux sont fondamentaux. « L'IA amplifie le risque d'atteinte à des droits essentiels, spécialement le principe de respect de la dignité humaine », énonce un ouvrage de référence sur le droit de l'intelligence artificielle[2]. L'IA doit être « conçue de façon à préserver la dignité, l'autonomie et l'autodétermination des individus », prévenait le Parlement européen en 2019 ! En arrivera-t-on, par l'effet des technologies innovantes, à des salariés de moins en moins autonomes, assujettis à des robots qui le seront de plus en plus ? La menace d'un homme aliéné à la machine est sans doute moins immédiate que les réalités identifiées dans les chapitres précédents, mais la raison est chaque fois la même : l'obsession de la performance économique.

Le spectre du licenciement algorithmique

Le licenciement algorithmique est sans doute l'un des exemples les plus parlants pour comprendre l'ampleur de la menace et l'urgence à réagir. Qui pourrait se satisfaire de voir la perte d'emploi devenir, à terme, un *process* automatique dans ses modalités (comment on licencie) comme dans son principe (pourquoi on licencie) ? On peut aisément concevoir que la technologie constitue une aide à la décision de même qu'à son exécution, non qu'elle se substitue à la décision humaine sur des enjeux de cette importance.

La question s'est posée de savoir si un employeur peut déléguer à un expert-comptable ou à une entreprise extérieure le pouvoir de licencier. Ces derniers peuvent aider à la prise de décision, mais ils ne peuvent valablement mener la procédure de licenciement, que ce soit convoquer le salarié à l'entretien préalable ou signer la lettre de licenciement. Le raisonnement vaut pareillement pour l'IA qui n'a pas davantage le pouvoir de diriger, de sanctionner, de licencier les salariés. La décision de recruter, de changer le lieu de travail ou les horaires, d'accorder une promotion, de licencier ne doit pas pouvoir être le résultat du seul calcul d'une machine ou d'un logiciel, aussi sophistiquée que devienne l'intelligence artificielle. Quelle plus forte négation de la personne humaine que de voir les décisions qui s'imposent à elle dictées par une machine ? Un tel phénomène déshumanise tout autant les dirigeants, privés du processus délibératif et réflexif qui précède en principe la prise de décision, que les salariés qui se voient imposer une décision en dehors de toute intervention humaine, que de surcroît ils auront la plus grande peine à contester. Difficile d'argumenter contre une décision prise par un algorithme dont on ne connaît ni ne comprend le fonctionnement !

L'enjeu à maintenir l'humain dans le processus décisionnel est d'ores et déjà majeur alors qu'on en est au stade de l'IA faible, c'est-à-dire d'une IA programmée pour l'exécution de tâches précises. Qu'en sera-t-il si on arrive à l'IA forte, c'est-à-dire à une machine capable de s'adapter à l'ensemble des situations et de fonctionner comme le cerveau humain, avec une conscience, une sensibilité et une volonté autonomes ? La situation ubuesque de l'un des leaders chinois des jeux vidéo, Net Dragon Websoft, qui se vante de confier à une femme robot la direction générale de sa principale filiale est tout sauf une fatalité ! Elle constitue le degré le plus pathétique de capitulation face au déterminisme économique et technologique et, par là même, la négation du rôle constituant du droit qui peut évidemment faire obstacle à ce qu'une décision prise exclusivement par une machine produise quelque effet que ce soit

– ce qui est fort heureusement le cas en France des décisions affectant la carrière des salariés.

Cette préoccupation existentielle, qui rejoint le droit à l'autonomie personnelle, a été intégrée dès l'essor de l'informatique puisque la loi informatique et libertés énonçait déjà en 1978 qu'« aucune décision produisant des effets juridiques à l'égard d'une personne ou l'affectant de manière significative ne peut être prise sur le seul fondement d'un traitement automatisé de données à caractère personnel, y compris le profilage ». La personne « a le droit de ne pas faire l'objet d'une décision fondée exclusivement sur un traitement automatisé, y compris le profilage, produisant des effets juridiques la concernant ou l'affectant de manière significative », poursuit près de quarante ans plus tard le Règlement général sur la protection des données personnelles.

Même si ces garde-fous ont le mérite d'exister, ils sont impuissants face à une décision prise non exclusivement, mais en grande partie de manière automatisée. Certes, il n'est pas besoin, au contraire des États-Unis qui ne connaissent pas de législation contre le licenciement (le licenciement est « *at will* », c'est-à-dire au bon vouloir de l'une ou l'autre des parties), de changer la loi française pour contrer la pratique consistant à faire envoyer par le service des ressources humaines des lettres de licenciement générées automatiquement à des salariés licenciés parce que les données collectées par le système d'IA les placent en deçà des niveaux attendus par l'entreprise. Un article de Bloomberg relate la situation, aux États-Unis, d'un livreur d'Amazon licencié par décision de l'algorithme sur la base de son niveau de performance. Quand le travailleur conteste le choix de l'algorithme de le licencier et défend la qualité de son travail, relate l'article, « il est confronté à un dialogue de sourds, surréel, avec un algorithme qui ne veut entendre raison[3] ». On ne peut légalement en arriver à cet extrême en France puisque l'organisation d'un dialogue avec une personne physique représentant l'employeur (dépourvu de personnalité juridique, le robot ne peut, comme nous l'avons vu, représenter l'employeur) constitue une obligation ! « Au cours de l'entretien préalable, l'employeur indique les motifs de la décision envisagée et recueille les explications du salarié », exige le Code du travail qui exclut par là même que le salarié ait pour interlocuteur lors de son entretien préalable un robot intelligent, ce dernier fût-il capable d'expliciter le motif du licenciement et de répondre aux questions du salarié. La sanction d'un mois de salaire maximum attachée au non-respect des règles sur l'entretien préalable sera-t-elle suffisamment dissuasive ?

Surtout, il n'est pas évident que les salariés puissent résister au licenciement algorithmique en invoquant le caractère injustifié de la rupture. La question peut être posée très simplement même si la réponse est complexe : le remplacement de l'homme par une intelligence artificielle constitue-t-il un motif légitime de licenciement ? L'enjeu est tel que le *statu quo* n'est pas une option. Si on ne fait rien, le droit du licenciement pourrait constituer, à moyen ou long terme, le bras armé de la théorie du remplacement de l'homme par la machine et légitimer une disparition massive des emplois au nom du progrès technologique.

Première entreprise française à justifier un plan massif de licenciements par le recours à l'IA, Onclusive annonçait en 2023 remplacer les salariés affectés à la réalisation des revues de presse par des logiciels d'IA avec à la clé, en France, 217 suppressions d'emplois et – seulement – 23 créations. Les pertes d'emploi aux États-Unis dictées par l'IA se comptent par dizaine de milliers et, faute pour les salariés américains de pouvoir contester le motif de leur licenciement, le phénomène va rapidement devenir hors de contrôle. Les postes d'analyste, de rédacteur, de traducteur, de relecteur, de comptable, de journaliste, de personnel affecté au service client, d'agent de banque et d'assurances ou encore de caissier figurent parmi les plus menacés. L'inquiétude est d'autant plus grande que les salariés employés aux tâches supprimées ne seront généralement pas en mesure d'occuper les nouveaux emplois de conception, de surveillance de l'algorithme qui nécessitent des changements de qualification allant bien au-delà de ce que requiert l'obligation des employeurs, inscrite dans le Code du travail français, d'adapter les salariés à l'évolution de leur emploi. On ne passe pas de traducteur, journaliste ou comptable à ingénieur en Big Data, en robotique ou en traitement du langage naturel, développeur IA ou *data scientist* après une formation de quelques semaines, ni même de quelques mois ! Pour nombre de ces salariés, le risque est celui d'un transfert vers les emplois les moins qualifiés des services ou du maintien de leur emploi au prix de tâches réduites et dévaluées. Avec la concurrence de logiciels de plus en plus performants, une proportion significative des traducteurs, interprètes et doubleurs risque fort de se retrouver réduite, à terme, à relire, réécouter ou vérifier que l'intelligence artificielle n'a pas produit de contresens. Avec à la clé, comme pour d'autres professions menacées, une réduction significative de la rémunération !

Face à ce phénomène, on pourrait, comme aux États-Unis, laisser jouer librement la logique de marché et espérer que la théorie de la destruction créatrice d'emploi fonctionne mieux que ne le laissent penser les premiers cas de licenciements liés au recours à l'IA. Le marché du travail va-t-il s'autoréguler et créer de lui-même autant d'emplois qu'il en détruit par l'effet de l'arrivée de technologies innovantes ? La solution inverse qui consisterait à intervenir sur le marché du travail pour interdire le remplacement de l'homme par la machine n'est guère plus convaincante. En France comme dans la plupart des pays européens, une limite existe d'ores et déjà qui consiste à ne permettre à l'employeur de supprimer des emplois du fait de l'IA que s'il dispose d'un motif légitime pour ce faire. L'entreprise qui ne connaît ni difficultés économiques ni menace sur sa compétitivité va spontanément se tourner vers les mutations technologiques qui constituent l'un des quatre motifs économiques de licenciement admissibles (difficultés économiques, sauvegarde de la compétitivité, mutations technologiques, cessation d'activité). Très peu mobilisé par les entreprises jusqu'à présent, ce motif risque fort de constituer la voie royale pour licencier les salariés que l'on entend remplacer par une IA. Sans surprise, l'équipe dirigeante de la société Onclusive a refusé de parler de plan de sauvegarde de l'emploi, préférant parler de « projet de mutation technologique[4] » !

Ne nous trompons pas non plus lorsqu'il est question de « restructurations » pour désigner ces transformations d'emploi dictées par les mutations technologiques ! Les restructurations sont souvent l'antichambre des licenciements, et le discours sur le changement, associé à l'annonce d'une restructuration, généralement un pis-aller pour ne pas prononcer le mot licenciement. « Aucune transformation numérique n'arrive sans conséquences, n'est-ce pas ? Nous allons changer notre manière de travailler, notre manière de servir nos clients, et malheureusement nous devons changer la manière dont nous structurons nos équipes », annonce le P-DG de l'entreprise aux salariés qu'il s'apprête à licencier.

Jusqu'à présent, les rares licenciements pour mutations technologiques se sont inscrits dans le cadre de transformations d'emploi. Ils étaient freinés par la crainte des entreprises de se voir reprocher de ne pas avoir satisfait à leur obligation d'adapter les salariés à l'évolution de leur emploi. Le licenciement fondé sur le remplacement de l'homme par l'IA se concrétisant le plus souvent par une suppression pure et simple d'emploi, parfois par la création en parallèle d'un poste nécessitant une qualification inaccessible au salarié dont le poste est supprimé, le frein de l'obligation d'adaptation jouera plus difficilement, tout comme l'obligation de reclassement. Deux solutions sont envisageables, entre lesquelles il faudra opter à court ou moyen terme. La plus simple consiste à renoncer à faire des mutations technologiques un motif autonome de licenciement, ce qui obligera l'employeur qui entend remplacer l'homme par la machine à justifier de difficultés économiques ou, plus vraisemblablement, de la menace qui pèse sur la compétitivité de l'entreprise. N'admettre les licenciements consécutifs à la mise en place d'une IA que si la situation économique de l'entreprise le justifie paraît une solution raisonnable, qui correspond d'ailleurs à la voie choisie par la société Pages jaunes lorsqu'elle a supprimé des emplois et modifié les contrats des salariés affectés à l'annuaire papier et au Minitel en raison du passage au Web. Elle s'était fondée avec succès, il y a déjà vingt ans, sur le motif de sauvegarde de la compétitivité. Cette voie est préférable à celle consistant à enfermer le motif de mutations technologiques dans des indicateurs, comme cela a été fait pour les difficultés économiques. Autant identifier des indicateurs permettant de mesurer l'ampleur de difficultés économiques est chose aisée (baisse du nombre de commandes ou du chiffre d'affaires, dégradation de la trésorerie ou de l'excédent brut d'exploitation) autant la tâche est fort complexe pour les mutations technologiques.

Reprendre le contrôle

Face à la montée des licenciements algorithmiques et aux nombreux autres cas de conflits entre le salarié et la machine que nous connaîtrons à coup sûr dans les années et les décennies à venir, nous pouvons continuer à laisser faire, accompagner cette course vers toujours plus de performance en ne traitant que les conséquences dommageables pour l'homme. Avec le risque de voir ces dommages s'aggraver au fil des années ! Nous pouvons aussi inverser les priorités, c'est-à-dire faire de la performance un moyen au service de l'épanouissement de la personne.

Combien de temps allons-nous encore céder aux diktats d'une certaine vision de l'économie et de l'innovation scientifique, appréhendés comme des données objectives dont nous serions réduits à gérer les effets sur l'homme au travail ? On ne discute pas la vérité des chiffres, les résultats de l'algorithme, la neutralité du robot... Nous devons apprendre des conséquences désastreuses résultant de cette représentation forcée du monde sur la question de l'environnement pour ne pas reproduire la même erreur sur la question du travail et réagir tant que cela est encore possible. Cela veut dire reprendre le contrôle en posant des limites, être capable de dire « stop » lorsque la menace pesant sur l'intégrité physique et morale de la personne est trop importante. Cela veut dire cesser de prendre l'économie et la technologie pour des sciences sur lesquelles nous n'aurions pas de prise, derrière lesquelles nous serions condamnés à courir sans jamais pouvoir les devancer.

Pour ce faire, le droit a un rôle capital à jouer. Non pas un droit qui se met au service du marché et de l'innovation technologique, mais un droit qui trace le chemin en définissant un modèle de société respectueux des droits fondamentaux, quitte à poser des interdits lorsque cela se justifie ! « Le droit est un instrument à mettre au service de l'économie[5] », peut-on lire sous la plume d'un grand avocat d'affaires, tout comme on lit avec regret : *Pour un droit au service des mutations économiques et sociales fondamentales de notre société* en titre du rapport Attali[6], rédigé sous l'égide du prestigieux Club des Juristes qui ne peut pourtant pas être soupçonné d'affaiblir la place du droit dans notre société. Emmanuel Macron lui-même, hostile à une régulation trop stricte de l'innovation, préconise de « réguler les usages, davantage que les technologies en tant que telles[7] ». Suivant ce type de raisonnement, parce que quelque chose serait possible, on devrait le permettre, quitte à en sanctionner les effets les plus dommageables pour l'homme. La réalité fait loi, comme le veulent ceux qui plaident pour une « perspective législative permettant une innovation sans permission, dans laquelle l'expérimentation de nouveaux modèles technologiques et commerciaux devrait généralement être autorisée par défaut […]. Si des problèmes apparaissent, ils peuvent être traités plus tard[8] ». On est ici au cœur de la théorie *law and economics* qui réduit les États à des instruments de mise en œuvre des « lois naturelles » découvertes par la science économique. Des « lois » qui se conjuguent aujourd'hui avec les « lois de la science » (une technologie ne prospérera, dans la plupart des cas, que si elle est adossée à un marché) pour former un double déterminisme, économique et technologique.

Les limites de cette approche sont très bien exprimées par l'ancienne haute-commissaire des Nations unies aux droits de l'homme : « Nous ne pouvons pas nous permettre de continuer à faire du rattrapage en ce qui concerne l'IA, en autorisant son utilisation avec des limites ou une surveillance limitée ou inexistante, et en gérant après coup les conséquences presque inévitables sur les droits de l'homme[9]. » Rien n'oblige, en effet, à réduire le droit au rôle de chambre d'enregistrement ! Les textes que l'on a adoptés ou que l'on adoptera ne sont-ils que des pansements incapables d'éviter qu'adviennent des situations dangereuses pour l'intégrité de la personne humaine ? Nous ne sommes pas condamnés à l'impuissance face aux technologies innovantes et à leur promotion par le marché. Contrairement aux apparences, le poids accordé à l'économie et à la technologie résulte de choix, de politiques publiques ou de décisions privées, non d'une sorte d'ordre naturel contre lequel on ne pourrait rien, sinon en réparer les dommages sur l'individu.

Il nous appartient donc de les contrarier, de poser des barrières (l'interdiction de mise sur le marché d'un produit par exemple) lorsque la menace qui pèse sur l'intégrité physique et morale de la personne le justifie. Et le fait que l'économie se nourrisse de chiffres, d'équations mathématiques, contrairement au droit dont les règles sont sujettes à interprétation (tous les textes ne ressemblent pas à ceux du Code de la route), n'y change rien ! Même drapée sous un voile d'objectivité, la science n'est pas, en soi, indiscutable et le marché, si désincarné soit-il, est tout sauf neutre. On est ici au cœur de la fonction instituante du droit, celle qui, par exemple, façonne la famille en définissant les conditions du mariage (si débattues ces dernières années) et les liens de parenté (ceux de l'adoption par exemple), en posant des interdits (union entre enfants adoptifs d'une même personne) que les lois de la nature n'auraient pas nécessairement posés, en accordant des droits aux enfants, en substituant, au sein même du Code civil, l'autorité parentale à la puissance paternelle, non pas simplement pour prendre acte d'une évolution des mœurs, mais aussi et surtout pour construire une société plus égalitaire. La science économique n'est que d'un modeste secours pour poser les bases de la famille moderne, tout comme, dans le champ du travail, pour partager la valeur du travail, pour faire avancer la codétermination, pour garantir l'égalité entre les femmes et les hommes, notamment en matière de rémunération, pour protéger la vie personnelle des atteintes que lui portent les techniques de surveillance, pour encadrer le recours au télétravail... Ce chemin vers une société plus juste, qui ne se satisfait pas de la loi du marché et des progrès technologiques, en laissant sur la route les plus faibles, ceux qui sont en situation de dépendance économique ou technologique, passe par la promotion de la personne humaine et, avec elle, par la promotion des droits humains.

La personne derrière le salarié

La protection de la personne trouve son expression la plus aboutie dans l'existence d'un noyau de droits supérieurs aux autres, d'abord appelés droits de l'homme et, de plus en plus souvent – pour une raison terminologique évidente – droits humains, droits de la personne humaine ou droits fondamentaux. Ces droits, auxquels nul ne peut renoncer, fût-ce au prix d'un bilan coûts-avantages, ont mis du temps à intégrer les relations de travail parce qu'on ne voyait pas, ou on ne voulait pas voir, la personne derrière le travailleur subordonné. Longtemps hermétique aux droits fondamentaux, au nom d'une vision surannée de la subordination, le rapport de travail leur est aujourd'hui ouvert. Les bases de cette nouvelle approche des relations de travail sont jetées depuis les lois Auroux au début des années 1980. « Citoyens dans la cité, les travailleurs doivent l'être aussi dans leur entreprise », proclamait le rapport Auroux, du nom de l'ancien ministre du Travail de François Mitterrand, dans une formule devenue emblématique de l'entrée des droits humains dans le monde du travail. La personne a depuis lors progressivement surgi derrière le salarié, comme elle avait émergé à une autre époque derrière l'esclave.

Les droits humains s'imposent à un double titre.

En premier lieu, logés dans les traités et chartes européens et internationaux ainsi que dans la Constitution, ils ont une autorité toute particulière. Une autorité qui les rend opposables à tous, personnes physiques, morales et autorités publiques. Ils ne sont pas seulement l'expression de valeurs ou d'une idée de justice sociale, mais de véritables droits – individuels le plus souvent, collectifs parfois – directement invocables devant les tribunaux.

Juges et plaideurs ont mis du temps à s'approprier ces droits flous dans leur formulation (droit au respect de la vie privée, principe de respect de la dignité, liberté d'expression, droit à la protection de la santé, droit à l'autonomie personnelle, droit à un environnement sain...), mais dont la justiciabilité est aujourd'hui acquise, pour nombre d'entre eux en tout cas. Ils l'ont fait non seulement, bien entendu, devant les juges chargés de la protection des droits fondamentaux, à commencer par le Conseil constitutionnel et la Cour européenne des droits de l'homme, mais aussi devant les juges classiques, qui peuvent annuler la clause d'un contrat de travail, d'un accord collectif ou du règlement intérieur de l'entreprise, un licenciement ou une sanction disciplinaire parce qu'ils violent la liberté d'expression, le droit au respect de la vie personnelle ou encore parce qu'ils sont discriminatoires. Les droits fondamentaux sont opposables aux pouvoirs privés comme publics, y compris au législateur qui ne peut mettre en œuvre des lois indignes dans les pays qui, comme la France, connaissent un contrôle de constitutionnalité et de conventionnalité[10]. Autrement dit, promouvoir la personne humaine n'est pas un choix politique, même si le caractère universel des droits fondamentaux tels que formulés dans les différentes déclarations est l'objet d'intenses débats de la part de ceux qui considèrent ces déclarations comme déterminées en tout ou partie par la culture occidentale, et si le droit international n'a pas la force que l'on pourrait espérer. Les violations des droits humains au XXIe siècle et la difficulté qu'a la communauté internationale à les éradiquer sont malheureusement là pour en témoigner.

En second lieu, les droits humains expriment des valeurs essentielles. Et pas n'importe lesquelles, puisqu'elles ont pour dénominateur commun le respect de la dignité de la personne. « La dignité de la personne humaine n'est pas seulement un droit fondamental en soi, mais constitue la base même des droits fondamentaux », résume l'extrait des commentaires officiels de la Charte des droits fondamentaux de l'Union européenne.

L'affirmation selon laquelle un droit fondamental est sous-jacent constitue dès lors un argument puissant pour s'opposer aux politiques qui déshumanisent la société en général, le travail en particulier, pour résister à des changements qui poussent la subordination jusqu'à l'aliénation, dans certains cas jusqu'à l'esclavage (l'esclavage dit « moderne »). La fondamentalisation du droit a ainsi permis de conférer une force juridique particulière à des droits logés dans de multiples déclarations qui auraient pu n'être que des pétitions de principe, d'ordre philosophique, moral ou politique, mais qui, grâce à la puissance des droits fondamentaux, s'imposent à tous sans même qu'il soit besoin du relais du législateur. Il n'y a pas lieu d'être surpris que ces droits, destinés à protéger la personne humaine, aient connu un essor considérable après la Seconde Guerre mondiale et que, en tous domaines, l'invocation des « droits à » prospère : droit à l'eau, droit à l'alimentation, droit à l'air pur, droit au logement, droit à des conditions de vie décentes, droit au repos, droit au travail, droit à la déconnexion, peut-être bientôt droit au télétravail… Les droits humains jouent aujourd'hui un rôle central pour défendre les causes nobles, pour fonder une transformation politique et sociale de la société, pour résister aux abus des pouvoirs privés et publics[11], ce malgré un certain nombre de freins !

Des progrès considérables restent en effet à accomplir pour assurer leur pleine effectivité. Proclamer des droits fondamentaux ne sert à rien si on ne garantit pas leur exercice effectif par des dispositifs juridiques ciblés et une justice capable d'en sanctionner les violations. Nous avons vu qu'il ne servait à rien de consacrer un droit au télétravail ou un droit à la déconnexion en tant que prolongements du droit au respect de la vie personnelle si on n'en garantit pas l'exercice en améliorant, pour l'un la politique du logement et l'accès à Internet pour tous, pour l'autre une protection des salariés contre la surabondance d'informations. Signe d'un rapprochement ô combien discutable entre le groupement et l'individu, on assiste depuis plusieurs années à la reconnaissance – contre nature – de droits fondamentaux des groupements, au risque d'un très inquiétant amalgame entre personne humaine et personne morale. Là où les employeurs invoquaient la défense de l'intérêt de l'entreprise, ils se placent aujourd'hui très volontiers sur le terrain des droits et libertés fondamentaux (liberté d'entreprendre, droit de propriété, liberté d'expression, droit à la preuve, voire, avec un succès plus mitigé, droit à la vie privée) pour s'élever au niveau de ceux invoqués par les salariés, évitant au passage soigneusement le vocabulaire des droits de l'homme ou des droits humains, incompatible avec un groupement, fût-il doté de la personnalité juridique. Alors que l'on commence à discuter de la perspective, fort heureusement très lointaine, de reconnaître au robot la personnalité juridique, le salarié se verra-t-il un jour opposer les droits fondamentaux d'une machine ? Ces freins et inquiétudes ne retirent en rien à l'importance qu'il y a à mettre en avant les droits humains dans les débats actuels sur le travail.

On ne va évidemment pas résoudre par les droits fondamentaux l'ensemble des maux du travail, tout simplement parce que le droit n'est qu'une raison d'agir parmi d'autres. On peut agir par intérêt, par amour, par pulsion, par altruisme, par ignorance, par influence, par idéologie, par croyance, par obligation morale, par calcul ou parce que le droit le prescrit. Par rapport aux autres raisons d'agir, le droit a toutefois une particularité qui fait sa force. Ce qu'il prescrit a vocation à primer, en dernier ressort, sur les autres formes de jugement et les autres normativités qui inondent nos sociétés modernes : normes techniques, normes scientifiques, normes managériales, normes comptables... Typiquement, l'algoréthique, pour reprendre cette aspiration ô combien légitime à asseoir l'IA sur des principes éthiques, restera largement théorique si on n'y greffe pas des réglementations internationales, européennes ou nationales.

Limiter l'appétit du marché

Il n'est évidemment pas question, en brandissant les droits humains, d'arrêter le progrès scientifique et de paralyser l'économie. La solution ne consiste à l'évidence pas à bloquer, voire à interdire par principe toute forme d'innovation, mais à se donner les moyens de maîtriser le progrès pour qu'il se fasse dans le respect des droits humains. On ne va pas interdire purement et simplement les robots au motif que certaines de leurs applications déshumanisent l'homme au travail et prôner le retour au papier et au crayon ! La machine permet d'éviter à l'homme des travaux dangereux et contribue à « remplacer ce qui est dangereux par ce qui n'est pas dangereux ou par ce qui est moins dangereux[12] », pour reprendre l'un des principes de prévention posés par le Code du travail. Remplacer le salarié par un robot ou par un drone pour accéder à des zones périlleuses – un champ de bataille, le cœur d'un réacteur nucléaire, une scène de catastrophe naturelle – présente un intérêt certain. Pour le cas spécifique des tâches répétitives et chronophages ne nécessitant ni jugement humain ni prise de décision, l'intelligence artificielle peut être aussi un vecteur de « désautomatisation » du travail humain. Les gains de productivité apportés par le progrès technologique ont par ailleurs grandement contribué à la réduction du temps de travail (on produit autant en moins de temps) et à la réduction du nombre d'accidents du travail en permettant de confier à des machines les travaux les plus dangereux.

Ces usages positifs pour l'homme au travail ne dispensent en rien de maîtriser l'innovation technologique. Qui est capable de prédire jusqu'où ira l'appétit du marché ? Qui peut anticiper ce dont l'intelligence artificielle sera capable demain ? La technologie peut aujourd'hui transformer la réalité en falsifiant de façon indécelable les images des caméras de surveillance ou les enregistrements utilisés en soutien d'une sanction disciplinaire (le fameux *deep fake*), voire créer des avatars de personnes décédées. Les expérimentations concernent aujourd'hui le cercle familial (faire « survivre » un proche dans le monde numérique) mais, en récoltant toutes les données nécessaires, il est concevable de faire se succéder au dirigeant ou au manager décédé leur avatar et de se baser sur leurs décisions passées face à une situation donnée pour prédire celles qui auraient été les leurs en présence d'une situation comparable.

On en arrivera bientôt au travailleur augmenté, dopé à la Ritaline pour accroître sa concentration, armé de bras métalliques pour augmenter sa force, équipé de puces pour que son cerveau soit connecté directement à Internet, de lentilles spéciales ou d'une rétine augmentée permettant de zoomer pour voir très loin ou dans le noir. L'exosquelette, d'ores et déjà utilisé pour assister le travailleur dans la réalisation de tâches pénibles, notamment le port de charges lourdes, mais sans toucher à l'intégrité physique de la personne puisque porté par le salarié à la manière d'une prothèse externe, ne sera alors qu'un lointain souvenir. Il n'est pas surprenant que les enjeux aujourd'hui bien documentés autour du sportif (le dopage, classique et désormais génétique, est une forme d'« augmentation ») et du soldat augmenté irradient l'ensemble des travailleurs, avec un risque évident d'atteinte aux droits fondamentaux. Car on ne touche pas seulement au poste de travail, que l'employeur peut aménager dans l'exercice de son pouvoir de direction, mais à la personne même du salarié. On touche au droit de disposer de son corps, au droit à la protection de l'intégrité du corps humain et, en conséquence, au droit au respect de la dignité humaine.

Si l'on suit ce chemin, les formations ne seront plus assurées par des humains mais exclusivement par des logiciels. Les normes numériques, élaborées à partir d'algorithmes et par des entités privées en dehors de tout processus démocratique, concurrenceront la norme législative, l'intelligence artificielle remplacera la décision des juges… Faut-il le souhaiter ? ChatGPT et ses avatars seront sans doute capables de délivrer un simulacre de cours d'université et de dispenser des formations stéréotypées. Mais l'échange entre l'élève et son professeur, qui fait la richesse de l'enseignement, aura disparu. Les algorithmes sont capables de produire, bien au-delà du cercle de l'entreprise, des normes à partir de quantités presque infinies de données, mais ils n'ont pas la légitimité démocratique de la loi. L'intelligence artificielle est capable de confronter une situation de fait à la règle de droit et à la jurisprudence correspondante. Mais elle ne parviendra probablement pas, en tout cas dans un futur raisonnable, à intégrer le contexte humain et social de l'affaire, sans compter les risques d'erreur, comme l'a expérimenté cet avocat new-yorkais fustigé pour avoir produit devant une juridiction des arrêts trouvés par ChatGPT et qui pourtant n'existaient pas[13].

Ces évolutions sont techniquement possibles et, pour beaucoup, économiquement soutenables, mais il nous appartient d'empêcher qu'elles se produisent. C'est un choix de société que d'accepter ou non que les décisions qui s'imposent à nous soient prises par une intelligence artificielle, que le pouvoir de l'employeur inclue celui d'« augmenter » son salarié autrement qu'en lui dispensant des formations. Faut-il accepter qu'aujourd'hui, et plus encore demain, un plan de licenciement, la baisse des primes ou la mise sous surveillance d'un salarié soient décidés sur la seule base des résultats d'un algorithme, lequel aura intégré le risque d'une faillite, de la perte d'un marché ou de la probabilité de vol par un salarié au regard de critères qui peuvent s'avérer discriminatoires ? Faut-il, en d'autres termes, que l'homme perde sa capacité de décision, et avec elle sa capacité d'autodétermination, au profit de machines qu'il a lui-même produites[14] ? L'exemple du GPS qui contraint le chauffeur, sous peine de sanctions, à suivre le trajet dicté par la machine sans aucune capacité d'initiative est très parlant, tout comme celui de la voiture autonome qui se substitue au conducteur, le privant de fait de toute autonomie. De moins en moins nombreux sont ceux qui parviennent à se guider à l'aide d'une simple carte routière. Demain, nous ne serons peut-être plus capables de conduire un véhicule en toute autonomie.

Conjuguée au lien de subordination, la servitude volontaire provoquée par les nouvelles technologies est d'autant plus préoccupante dans le monde du travail. Les salariés ne se verront-ils pas reprocher de ne pas avoir suivi, pour l'envoi des mails aux clients, les suggestions de réponse de Google, et ainsi d'avoir pris une initiative ? La recherche d'emploi ne se fera peut-être plus que de manière automatisée, avec un système de « matchs » en fonction de critères préenregistrés sans que le demandeur ait à faire la moindre recherche, si ce n'est consulter les résultats de l'algorithme sur un écran ! On ne peut d'ailleurs parler de « recherche d'emploi » par le demandeur dans ce contexte puisqu'il n'y a plus rien à chercher. Certes, rien n'oblige l'individu à suivre les choix de l'algorithme, mais, de fait, la décision de recrutement va être dictée par l'IA, comme le sont d'ores et déjà largement nos choix de consommation, voire, pour un nombre significatif de personnes, les choix de couple. Et lorsque cet individu est salarié, suivre l'algorithme n'a plus rien d'un choix. Dans le cas où il garderait la possibilité de passer outre la recommandation du logiciel, celui-ci déciderait de fait à sa place.

Comment ne pas être effrayé par cet horizon funeste, celui d'une personne humaine, qu'elle soit salariée ou cheffe d'entreprise, dans l'incapacité de décider pour elle-même et pour les autres. Il est encore temps de sortir du déterminisme qui domine nos sociétés modernes, comme l'illustre cette tribune particulièrement autorisée puisque rédigée par ceux-là mêmes qui sont en position de développer l'IA : « Devons-nous laisser les machines inonder nos canaux d'information de propagande et de mensonges ? Devrions-nous automatiser tous les emplois, y compris ceux qui sont gratifiants ? Devons-nous développer des esprits non humains qui pourraient un jour être plus nombreux, plus intelligents, nous rendre obsolètes et nous remplacer ? Devons-nous risquer de perdre le contrôle de notre civilisation ? Ces décisions ne doivent pas être déléguées à des leaders technologiques non élus », concluent des centaines d'experts de l'IA, parmi lesquels Elon Musk, avant d'appeler à réagir.

Prévenir plutôt que guérir

Que faire ? Lorsqu'un salarié est en situation d'insuffisance professionnelle, on le forme et, dans le pire des cas, on le licencie. Lorsqu'un poste n'est plus adapté, on le supprime ou on le transforme. Mais on ne transforme pas la personne en touchant à son intégrité physique pour qu'elle réponde aux besoins de l'entreprise, quitte à l'« augmenter ». Le poste peut être modifié dans le cadre de l'organisation de l'entreprise, pas la personne qui l'occupe.

La solution la plus classique et la plus radicale pour maîtriser l'innovation technologique et remettre les pendules à l'heure consiste à poser des interdits. « Interdire » n'est ni un gros mot ni un vestige du passé, même si l'incitation a davantage le vent en poupe dans nos sociétés modernes qui valorisent la souplesse et l'agilité ! Face à l'atteinte portée au principe de respect de la dignité humaine, le législateur interdit purement et simplement le clonage reproductif, sans s'arrêter au fait que certains y voient une innovation extraordinaire permettant de nous rapprocher de l'immortalité. Peut-il en être autrement dans un État de droit digne de ce nom ? Sur les questions de travail, l'ONU en appelle à l'interdiction de certaines applications de l'IA comme contraires au droit international des droits de l'homme, à l'instar de la notation sociale des individus sur la base de critères discriminatoires. Le Portugal interdit à l'employeur de contacter son salarié par e-mail ou SMS en dehors de ses heures de travail, sous peine d'amende. Le Code du travail français procède, quant à lui, à des interdictions de mise sur le marché, notamment en matière de produits chimiques, et ne se contente pas, dès lors, de réparer leurs effets sur l'homme. Des interdictions qui s'appliquent tout autant à certains systèmes fondés sur l'IA, comme le prévoit le règlement européen sur l'intelligence artificielle, qui prohibe, entre autres, les dispositifs de reconnaissance et d'exploitation des émotions sur le lieu de travail. Il nous appartient aussi de proscrire, le cas échéant pénalement, l'augmentation forcée du salarié comme il est de notre responsabilité d'interdire l'organisation de l'entretien d'embauche ou, pire, de l'entretien préalable de licenciement dans le métavers.

Sans nier la nécessité de l'interdit pur et simple des pratiques les plus gravement attentatoires aux droits fondamentaux, peut être aussi mise en œuvre une version plus souple de l'interdiction qui opère, non pas de façon systématique, mais au cas par cas, sur la base d'un contrôle de proportionnalité ou de nécessité. Suivant cette approche, très en vogue du côté des juges constitutionnels et européens, l'employeur peut obliger son salarié, moyennant prise en charge, à porter des lunettes pour travailler sur écran[15], alors que lui imposer une opération de la rétine pour avoir une vision au-delà de la normale sera jugé disproportionné. Ce même employeur peut exiger de son salarié en contact avec la clientèle qu'il porte une tenue correcte au travail, mais ne pourra évidemment lui prescrire une opération de chirurgie esthétique. Il devrait aussi pouvoir licencier en raison de la mise en place d'une intelligence artificielle – une interdiction pure et simple est ici également peu réaliste –, mais uniquement, comme nous l'avons proposé, si ces licenciements sont nécessaires à la sauvegarde de la compétitivité de l'entreprise ou consécutifs à des difficultés économiques.

Quelle que soit la solution, le risque de voir l'homme perdre le contrôle de son travail et de son emploi est bien réel. Pour le juguler, des solutions concrètes peuvent être proposées qui passent, comme nous allons le voir dans le chapitre qui suit, par la reconnaissance au profit des salariés de capacités d'agir.

CHAPITRE 7

Les voies de l'autonomie

Difficile à première vue de concilier le pouvoir de l'employeur, sans lequel les protections inhérentes au salariat perdraient toute raison d'être, et les aspirations des salariés à décider pour eux-mêmes ! Entre être son propre patron et devoir suivre à la lettre les directives de son employeur sans la moindre capacité d'initiative, des marges importantes existent toutefois qui doivent permettre au salarié de participer à la fixation de ses horaires, de ses jours de télétravail, de ses congés, de ses méthodes de travail, de ses objectifs, mais aussi à la définition de la politique de l'entreprise. Toute une série d'éléments qu'en raison d'une conception surannée de la subordination mais aussi, comme nous le verrons dans le chapitre suivant, de l'entreprise elle-même, il subit sans avoir son mot à dire !

C'est dans ces interstices que se logent tout ou partie des solutions pour rendre au salariat son attractivité auprès des jeunes générations. Comme rappelé à plusieurs reprises dans le présent ouvrage, les marges ne peuvent se résumer à la reconnaissance au profit de quelques-uns d'une autonomie dans la définition de leur emploi du temps. Même si les degrés et les formes d'autonomie ne seront jamais les mêmes pour tous, les propositions qui peuvent être faites en faveur de l'autonomie doivent viser l'ensemble des salariés, y compris ceux affectés à des tâches répétitives ou vouées à le devenir avec le progrès technologique ! Ces salariés, d'ores et déjà peu rémunérés pour nombre d'entre eux, ne doivent plus subir une double peine en étant prisonniers d'un lien de subordination d'une force telle que tout espoir d'autonomie leur est aujourd'hui fermé. L'absence d'autonomie dans l'exécution du travail doit être, *a minima*, compensée par une autonomie dans la définition de leurs conditions de travail de même que par une participation à la construction de la politique économique de l'entreprise. L'autonomie n'est pas, pour présenter les choses autrement, un privilège mais un droit auquel chacun doit pouvoir prétendre.

La question n'est pas propre à la relation de travail et s'inscrit dans une quête plus générale d'autodétermination de l'individu. La définition d'espaces d'autonomie au sein de rapports déséquilibrés se retrouve notamment dans les rapports entre médecins et patients, passés d'un rapport de domination entre un médecin omniscient, pour ne pas dire omnipotent, et un patient enfermé dans un rôle purement passif, à une décision concertée donnant, en théorie au moins, toute sa place au consentement du patient. « Toute personne prend, avec le professionnel de santé et compte tenu des informations et des préconisations qu'il lui fournit, les décisions concernant sa santé », prévoit aujourd'hui le Code de la santé publique, permettant au patient de refuser à tout moment investigations et traitements ou de rédiger des directives anticipées qui s'imposeront au médecin. Appliquée au travail, cette capacité de décision doit être déclinée à trois niveaux : les conditions de travail, le travail lui-même et la politique de l'entreprise.

Agir sur les conditions de travail

Jusqu'à présent, la prise en compte de la personne du salarié a pris la forme de mesures de protection, destinées à compenser le lien de subordination. L'employeur décide et le salarié obéit ! Diriger, surveiller, fixer des objectifs, sanctionner, licencier... sont en effet des prérogatives de l'employeur qui peut prendre seul la décision, à charge pour le salarié de la contester s'il estime qu'elle porte atteinte à l'un ou l'autre de ses droits fondamentaux. L'employeur peut, à condition de rester dans un même secteur géographique, modifier unilatéralement le lieu de travail de son salarié. Il peut aussi fixer et changer unilatéralement ses horaires de travail sauf quelques rares exceptions, notamment le passage d'horaires de jour à des horaires de nuit. Si le salarié refuse, il pourra être sanctionné, le cas échéant licencié, et n'aura d'autre possibilité que de contester la décision en invoquant une atteinte disproportionnée à son droit au respect de la vie personnelle et familiale. La même remarque s'applique aux dates de prise des congés payés que l'employeur peut fixer unilatéralement, à charge pour le salarié de les contester *a posteriori* parce que, notamment, l'ordre des départs n'a pas été respecté. Ces exemples sont la marque de rapports de travail subordonnés qui dénient au salarié toute capacité d'initiative, si ce n'est celle de contester la décision une fois qu'elle a été prise et, le plus souvent, qu'il a été sanctionné, voire licencié pour l'avoir refusée.

Une tout autre approche peut être envisagée qui consiste, dans une logique non plus de subordination mais d'autonomie contrôlée, à accorder aux salariés des capacités d'agir sur leurs conditions de travail. Deux voies, non exclusives l'une de l'autre, peuvent être suivies, la première fondée sur l'autonomie collective, la seconde sur l'autonomie individuelle.

La première, classique, consiste à permettre aux salariés de participer à la définition collective de leurs conditions de travail. Le salarié va chercher à obtenir, par l'intermédiaire de ses représentants, ce qu'il n'a pas pu obtenir dans ses rapports avec son employeur. Protégés contre le licenciement et habilités à représenter l'intérêt collectif, les délégués syndicaux ont un pouvoir de négocier autrement plus important que les salariés pris individuellement, même si, bien entendu, un accord collectif ne peut être conclu contre la volonté de l'employeur et si de nombreux facteurs exogènes, notamment la situation du marché du travail, impactent le pouvoir de négocier des syndicats. Le rôle de la négociation collective dans la définition des conditions de travail est d'autant plus significatif que, sur certains sujets, à commencer par le temps de travail, les mesures de flexibilité qui intéressent les employeurs sont pour la plupart inaccessibles en l'absence d'accord collectif. L'entreprise ne peut sans un tel accord mettre en place le forfait jours, répartir les 35 heures sur l'année, aménager la période de référence pour l'acquisition des congés payés ou le régime des heures supplémentaires, et ce ne sont là que quelques exemples.

Entre les importantes prérogatives des syndicats dans la coconstruction des conditions de travail des salariés et un taux de syndicalisation obstinément faible, il existe pourtant, en France comme dans bon nombre des pays qui nous entourent, un fossé béant. Un fossé qui va continuer à se creuser si on en croit la Confédération européenne des syndicats, pour qui ceux-ci pourraient perdre encore plus de 11 millions de membres en Europe, soit 26 % des membres actuels, au cours des dix prochaines années. La faiblesse des syndicats est tout autant un symptôme qu'une cause de l'insuffisance de l'engagement collectif dans les entreprises françaises. Elle n'est bonne ni pour les salariés, par son impact négatif sur le pouvoir de négocier des syndicats, ni pour les entreprises qui n'ont rien à gagner à voir se substituer aux syndicats des collectifs désorganisés (par exemple les gilets jaunes) ou des échanges sans filtre sur les réseaux sociaux.

La raison première du faible taux de syndicalisation en France est juridique. Elle tient au choix ô combien légitime qui est le nôtre de faire bénéficier les salariés du fruit de la négociation collective qu'ils soient ou non adhérents aux syndicats signataires de l'accord, au contraire des pays du nord de l'Europe qui, en conséquence, connaissent des taux de syndicalisation avoisinant les 70 %. Si on ne se résout pas à réserver le bénéfice des accords collectifs aux salariés syndiqués, ce que la plupart des syndicats refusent à juste titre, il faut s'attaquer aux autres causes, à commencer par celles qui tiennent aux syndicats eux-mêmes. Longtemps hostiles à réserver des services à leurs adhérents (ce qu'on appelle le « syndicalisme de service »), peu prompts à faire évoluer leurs techniques de communication (à quelques exceptions près, les syndicats ont trop tardé à prendre le tournant numérique) et leur logiciel de pensée pour intégrer les aspirations des jeunes générations, ils ont sans nul doute leur part de responsabilité. L'intégration par la plupart des grands syndicats de la question environnementale, jusque dans leurs statuts pour certains, notamment la CGT et la CFDT, constitue de ce point de vue un progrès. Sans forcément aller jusqu'à l'éco-syndicat que cherche à incarner le Printemps écologique, les organisations syndicales sont parfaitement dans leur rôle puisque le dérèglement climatique induit de nouveaux risques pour les travailleurs et que près de 70 % des jeunes de 18 à 30 ans se disent prêts à renoncer à une offre d'emploi si l'employeur ne prend pas en compte les enjeux environnementaux[1].

Les syndicats ne sont pas seuls responsables. Les entreprises ont évidemment leur part de responsabilité. Le fait que près de la moitié des personnes syndiquées estiment avoir déjà été discriminées au cours de leur carrière professionnelle en raison de leur activité syndicale, que quatre actifs sur dix considèrent que l'exercice d'une activité syndicale représente un risque pour leur emploi ou leur évolution professionnelle, que la même proportion des salariés estime que les relations avec leur hiérarchie se sont dégradées en raison de leur activité syndicale, pour reprendre les chiffres du baromètre élaboré conjointement par le Défenseur des droits et l'OIT[2], ne peut être seulement le fruit de fantasmes de salariés qui s'estimeraient à tort discriminés dans leur entreprise. Il correspond à une réalité, tout comme le fait que les entreprises n'adaptent pas suffisamment la charge de travail des titulaires de mandats syndicaux et électifs.

La jeune génération a aussi sa part de responsabilité dans la désaffection vis-à-vis des syndicats. La priorité donnée à la vie personnelle est sans nul doute liée en partie, pour certains jeunes, à une forme d'individualisme et de repli sur son cercle proche, peu compatible avec un agir collectif. Le contexte économique et social complète le tableau. Le déclin de la grande entreprise industrielle au profit d'une myriade de sociétés de services, les carrières à la carte, les chaînes de production constituées de personnels aux statuts multiples (CDD, micro-entrepreneurs, temps partiels, intérimaires...), la raréfaction des CDI (87 % des embauches se font en CDD), le télétravail éclatent la collectivité de travail et, avec elle, le sentiment d'appartenir à un collectif, principal moteur de l'engagement syndical. Si on prend l'exemple du télétravail, difficile de créer du collectif lorsqu'on ne se voit qu'à travers un écran et lorsque les discussions autour de la machine à café ne réunissent que deux ou trois personnes !

La seconde voie, individuelle, consiste en l'adoption d'un dispositif légal d'autonomie. On peut difficilement trouver voie plus directe pour garantir le droit des salariés au respect de leur vie personnelle que de les habiliter à définir eux-mêmes leurs conditions de travail : horaires, lieu de travail y compris le télétravail, congés, durée du travail (temps partiel ou temps plein). Pour décrire le changement de logique, prenons l'exemple du changement d'horaires ! Aujourd'hui, le droit des salariés au respect de leur vie personnelle n'est assuré qu'indirectement par le droit qui leur est reconnu de contester *a posteriori* la décision prise par leur employeur, à l'exception des changements les plus importants (une baisse de rémunération, un changement de fonction, le passage au travail de nuit, une mobilité à des centaines de kilomètres) qui nécessitent l'accord des deux parties. Suivant une logique classique de subordination, le salarié n'a pas son mot à dire face à son employeur qui lui impose de commencer à 7 heures du matin plutôt qu'à 9 heures. Il n'aura d'autre choix que d'appliquer ses nouveaux horaires ou de s'exposer à un licenciement avec pour seule perspective de le contester *a posteriori* s'il l'estime injustifié eu égard à l'atteinte portée à son droit au respect de la vie personnelle – par exemple, il vit seul avec ses deux enfants en garde exclusive.

La logique ici proposée est inverse puisque le salarié se voit reconnaître le droit de définir ses conditions de travail, à charge pour l'employeur de s'y opposer en invoquant un motif légitime. Il s'agit, autrement dit, d'accorder au salarié un pouvoir de décision sur ses conditions de travail sans que cela nécessite l'accord de son employeur, mais auquel celui-ci pourrait s'opposer s'il dispose d'un motif légitime. La capacité de résistance n'est évidemment pas la même lorsqu'il suffit à l'employeur de dire « non » pour que l'initiative de son salarié ne se concrétise pas que lorsqu'il doit disposer pour ce faire d'une justification valable.

Ce qui est en profond décalage avec la conception traditionnelle de la subordination et avec la façon dont la flexibilité est habituellement appréhendée, c'est-à-dire une flexibilité à l'initiative exclusive de l'employeur, est une pratique connue des pays anglo-saxons. Le Royaume-Uni reconnaît ce droit aux salariés dès leur premier jour dans l'entreprise, le Canada à ceux ayant atteint une ancienneté de six mois et l'Australie à ceux dont l'ancienneté est d'un an et dont au moins un enfant est scolarisé, à ceux qui sont âgés de 55 ans et plus ou souffrent d'un handicap. Si l'on cherche un équivalent en droit français à ce que ces pays nomment « travail flexible » ou « travail souple », on est réduit à citer le droit reconnu au salarié de demander à passer en télétravail ou de solliciter le passage d'un temps plein à un temps partiel et *vice versa*. L'adoption d'un dispositif général de travail flexible impliquerait d'y ajouter, entre autres, les horaires de travail, le lieu de travail – et pas seulement le télétravail –, les congés et pourquoi pas, comme le permettent certains des pays cités plus haut, le *job sharing*[3], mais aussi d'organiser la capacité de refus de l'employeur.

L'employeur devrait, sur le fondement de son pouvoir de direction, être en mesure de s'opposer à la demande du salarié en invoquant un juste motif de refus. Faute de permettre à l'employeur de résister à l'initiative de son salarié lorsque le changement demandé est susceptible de perturber le bon fonctionnement de l'entreprise, le dispositif serait très probablement inconstitutionnel comme portant une atteinte disproportionnée à la liberté d'entreprendre. Comme nous l'avons rappelé plus haut, l'autonomie ne peut pas être conçue, dans des rapports de travail salarié, en ignorant le pouvoir patronal. Si l'on s'inspire des pays de *common law*, le motif légitime de refus pourrait être les « nécessités de fonctionnement de l'entreprise », caractérisées notamment par l'impossibilité de répondre aux demandes des clients, les coûts excessifs générés par le changement, de même que la désorganisation du service.

Devraient être aussi prévues, par accord collectif et, à défaut, par la loi, les conditions de la demande du salarié (demande par écrit, délai de réponse de l'employeur), une obligation d'entretien, les conditions du refus par l'employeur (notification au salarié comprenant une indication précise du motif de refus) et de recours du salarié en cas de refus. Enfin, la mise en œuvre du dispositif ne devrait pas priver le salarié concerné des protections garanties par la loi et la négociation collective, ce qui exclut de contourner les repos obligatoires ou de prétexter l'initiative du salarié pour passer outre les règles relatives à la durée du travail (respect de la durée maximale du travail, du régime des heures supplémentaires et des conditions de recours au forfait jours).

Un tel dispositif pourrait servir de support à la semaine de quatre jours en France, comme c'est d'ores et déjà le cas au Royaume-Uni et en Australie où le « travail flexible » inclut la semaine compressée. Aujourd'hui, faute d'accord entre les deux parties, le passage à la semaine de quatre jours relève de la seule initiative de l'employeur, en vertu de son pouvoir de direction. Si l'objectif de la semaine de quatre jours est de favoriser l'équilibre entre vie personnelle et vie professionnelle, il serait de loin préférable, plutôt que d'accorder au salarié un droit de refus lorsque ses horaires journaliers, nécessairement allongés si on reste à durée constante, sont incompatibles avec sa vie personnelle et familiale, de l'habiliter à prendre l'initiative de la réduction du nombre de jours, quitte à ce que l'employeur s'y oppose en raison des nécessités de fonctionnement de l'entreprise. Ici également, qui mieux que le salarié sait comment organiser sa vie personnelle, s'il y a lieu ou non de passer à la semaine de quatre jours et, si oui, sur quels jours la semaine de travail doit être compressée ?

Codéfinir le travail

L'autonomie au travail ne peut se résumer au choix des moyens, c'est-à-dire pour l'essentiel à la définition des conditions de travail. Elle doit être étendue à la définition du travail lui-même. Lorsqu'en 2013 les principaux syndicats ont signé un accord national interprofessionnel sur la qualité de vie au travail, le sentiment d'implication, le degré d'autonomie et de responsabilisation étaient expressément visés parmi les facteurs de bien-être dans l'entreprise. Ce n'est donc pas un hasard si bon nombre d'accords d'entreprise sur la qualité de vie au travail font de l'autonomie un élément clé du bien-être des salariés, tout en restant très flous sur la façon de la réaliser. « À tous les niveaux de l'organigramme, la culture managériale, levier de la performance collective, devra privilégier l'expression des salariés sous toutes ses formes, soutenir l'autonomie et l'esprit d'initiative, avoir un souci concret du bien-être de ses collaborateurs au bénéfice des patients », prévoit l'accord qualité de vie au travail au sein de l'Institut Gustave-Roussy[4]. Ce tant dans l'intérêt des salariés (le lien entre capacité d'agir sur son travail et réduction des risques psychosociaux est depuis longtemps établi[5]) que dans celui de l'entreprise.

L'autonomie stimule l'engagement du salarié envers son entreprise comme elle valorise son savoir-faire et son expérience. Qui mieux que celle ou celui qui exécute régulièrement une tâche sait comment gagner en efficacité, éviter des coûts inutiles (le *lean management* est compatible avec une certaine forme d'autonomie), résoudre un problème, innover… ? Qui mieux que le travailleur lui-même sait quelle charge de travail est compatible avec sa santé et sa vie personnelle et familiale ? L'entreprise a d'autant plus à apprendre de ses salariés qu'avec la circulation d'informations et d'expériences que facilitent les technologies de l'information et de la communication, de même que les formations que l'employeur est tenu d'organiser et financer à l'attention de ses salariés, ceux-ci auront en principe actualisé et enrichi leurs compétences au fil des années.

La question de l'autonomie dans le travail, qui rejoint en partie l'idée d'organisation apprenante, dont on ne sera pas surpris qu'elle soit peu diffusée en France par rapport à la moyenne des pays européens[6], vise de prime abord les salariés très spécialisés qui sont seuls à posséder le savoir sur leur métier et à maîtriser les techniques nécessaires pour remplir les objectifs qui leur sont assignés. Mais elle ne doit en aucun cas – et pas davantage que l'autonomie dans la définition des conditions de travail – être réservée à quelques-uns et exclure les autres, y compris ceux que les nouvelles technologies risquent de condamner, si on ne fait rien pour eux, à devenir eux-mêmes des robots ou des pantins chargés de suivre, sans disposer de la plus petite capacité d'initiative, les ordres algorithmiques d'un logiciel ou d'une commande vocale. Pour ces salariés, en première ligne face à la menace de déshumanisation du travail, comme nous l'avons rappelé dans le chapitre précédent, avoir son mot à dire sur la définition de la charge de travail et les objectifs à réaliser paraît d'autant plus indispensable.

Et pourtant, le contenu de l'activité du salarié, c'est-à-dire le travail lui-même, reste un angle mort laissé à la discrétion de l'employeur. Salarié et employeur vont s'entendre sur une qualification, à l'intérieur de laquelle la définition du travail à accomplir relève du pouvoir de l'employeur, qu'il s'exerce par le biais d'une décision humaine ou algorithmique. On ne peut évidemment se contenter de systèmes de repérage d'anomalies par les salariés, comme on en trouve dans l'industrie. Configuration du poste, choix des méthodes et des outils de travail, définition de la charge de travail, des tâches à accomplir et des objectifs sont autant de points qui méritent d'être codéfinis avec les salariés concernés, tout au moins sur lesquels une définition conjointe doit être recherchée. L'autonomie sur le travail doit, en effet, intégrer l'activité même du salarié mais aussi, si l'on veut pouvoir réguler efficacement la charge mentale, le niveau d'activité requis, en particulier la fixation de ses objectifs. Sans nul doute certains employeurs et managers le feront-ils spontanément mais, une fois de plus, l'existence de pratiques vertueuses ne dispense pas de fixer des règles.

Lorsque l'employeur consent à rendre son salarié autonome, l'autonomie porte trop rarement sur la définition des objectifs. Les salariés vont être astreints au respect d'objectifs définis en dehors d'eux, parfois par un plan de rémunération déterminé par une société mère étrangère, avec pour seule liberté (quelle liberté !) de choisir les moyens pour les réaliser. Cette conjugaison d'objectifs imposés d'en haut et d'une autonomie dans la manière de les réaliser peut être, de fait, pire que le mal puisque les salariés bénéficient d'une liberté dans la définition de leurs horaires tout en étant astreints à réaliser des objectifs qu'ils ne maîtrisent pas. Du ressort du pouvoir de direction et de contrôle de l'employeur, les objectifs peuvent être en effet librement fixés par ce dernier sans obligation aucune d'y associer ses salariés, *a fortiori* d'obtenir leur accord, même si une concertation autour de la fixation des objectifs facilitera tant leur acceptabilité que leur compréhension. Des limites existent au pouvoir de fixation unilatérale des objectifs. L'employeur doit préalablement informer ses salariés, se fonder sur des critères objectifs (le nombre de ventes, le niveau de chiffre d'affaires, le nombre d'entretiens auprès de clients potentiels…) et ne pas transférer les risques sur eux. Condition peu explicite qui signifie, par exemple, qu'un chauffeur de bus salarié ne peut être rémunéré en fonction du nombre de passagers puisqu'il n'a pas la moindre prise sur le nombre de personnes qui emprunteront sa ligne ! Ces conditions ne suffisent pas à combler le fait que des objectifs peuvent être imposés à un salarié sans qu'il ait le moindre mot à dire. Informer n'est pas discuter !

Par quelles mesures favoriser la capacité d'action du salarié sur son travail ? Sans aller aussi loin que sur la définition des conditions de travail, la question peut être traitée au niveau individuel par la mise en place d'entretiens obligatoires annuels que la loi ne prescrit pour l'heure que dans des cas spécifiques et jamais sur le travail lui-même. Au cours de ces entretiens, l'employeur ou le manager consulterait les salariés sur les mesures évoquées plus haut, à savoir principalement la charge de travail – ce qui n'est actuellement prévu que pour les cadres en forfait jours et les télétravailleurs –, les objectifs, les méthodes de travail et le contenu même du travail. La question de l'autonomie dans le travail devrait aussi être traitée, au niveau collectif, par la mise en place d'espaces de discussion rassemblant l'ensemble des membres d'une équipe ou d'un service. Le droit d'expression, inscrit dans le Code du travail depuis les lois Auroux sans avoir jamais connu le succès espéré, pourrait leur servir de fondement, complété par le renvoi à un accord collectif ou à un texte de loi fixant la périodicité des réunions, les conditions de suivi à distance pour les télétravailleurs, un nombre minimal de réunions par an en présentiel, avec un droit à l'adaptation des horaires pour permettre la présence des télétravailleurs sur les lieux de l'entreprise, de même que la rédaction d'un procès-verbal de réunion. On pourrait concevoir un droit de réponse de l'employeur aux propositions issues de ces espaces délibératifs[7].

Participer aux choix économiques

À quoi bon associer les salariés à la définition de leurs conditions de travail et de leur travail si c'est pour satisfaire des objectifs économiques qui, tant par leur volume que par leur temporalité, nécessitent une charge de travail telle qu'elle met en péril leur santé et empêche tout équilibre entre vie personnelle et vie professionnelle ? Lorsqu'elle ne va pas de pair avec un pouvoir de décision économique, l'autonomie a toutes les chances de se retourner contre le salarié. C'est ce pas fondamental que ne franchissent pas la plupart des entreprises que l'on dit ou qui se disent « libérées », puisque les salariés sont seulement libres de la manière de réaliser la vision de l'entreprise telle que définie par son ou ses dirigeants[8]. « L'entreprise libérée est une forme organisationnelle dans laquelle les salariés sont totalement libres et responsables dans les actions qu'ils jugent bonnes – eux et non leur patron – d'entreprendre. Plus tard, j'ai ajouté : "pour réaliser la vision de l'entreprise" », insiste Isaac Getz[9]. Difficile d'être surpris par cette assertion ! La capacité d'initiative des salariés dans l'entreprise libérée s'arrête à la porte du bureau du dirigeant, généralement lui-même fondateur de l'entreprise dont l'image tutélaire va être paradoxalement renforcée, souvent personnifiée, du fait de la suppression des cadres intermédiaires[10].

Que faire pour renforcer le poids des salariés dans l'élaboration de la politique de l'entreprise ? La solution ne peut uniquement consister à favoriser l'actionnariat salarié, d'abord parce que ce type d'actionnariat restera ultraminoritaire à moins de renforcer de façon considérable le poids des stock-options et des actions gratuites, ce qui n'est pas réaliste ; ensuite parce que ce que l'on recherche est une représentation des intérêts des salariés *ès qualités*, non en tant qu'actionnaires. Elle passe avant tout par la présence des salariés, avec voix délibérative, dans les instances de direction, ce qu'on appelle communément la cogestion ou la codétermination.

L'espoir était permis lorsque, candidat à la présidence de la République, Emmanuel Macron tenait des propos favorables à la cogestion : « Le modèle auquel je crois, d'un dialogue social extrêmement vivace, est un modèle qui va jusqu'à la cogestion, et c'est ce que je souhaite dans les prochaines années développer[11]. » Même si des avancées ont eu lieu sur d'autres points, que nous verrons ultérieurement, il n'en a rien été sur la cogestion. La loi Pacte, adoptée sous son premier quinquennat, se contente d'exiger la désignation de deux administrateurs représentant les salariés lorsque la société a plus de huit administrateurs, et un en dessous de ce seuil, ce uniquement à destination des entreprises d'au moins 1 000 salariés sachant, en outre, que les sociétés par actions simplifiées ne sont pas concernées. Si on laisse de côté le cas très particulier de l'économie sociale et solidaire, on est évidemment très loin du modèle allemand de cogestion, où un tiers des sièges des conseils de surveillance des sociétés revient aux représentants des salariés pour un effectif compris entre 500 et 2 000 salariés et la moitié des sièges au-delà de 2 000 salariés. Plutôt que de faire dans la demi-mesure, il conviendrait de modifier la loi française pour arriver, dans l'immédiat, à 30 % d'administrateurs salariés et, à terme, à 50 %, baisser le seuil rendant obligatoire la désignation d'administrateurs salariés et étendre le dispositif aux SAS qui constituent aujourd'hui une part non négligeable du tissu économique. À cela, rien d'impossible, puisqu'en vertu du principe constitutionnel de participation, « tout travailleur participe, par l'intermédiaire de ses délégués, à la détermination collective des conditions de travail ainsi qu'à la gestion des entreprises ».

Il est temps d'en finir avec cette approche frileuse que rien ne justifie, pas même la discrétion et la confidentialité à laquelle aspirent légitimement les entreprises. Le contexte est plus propice qu'il n'a jamais été. Après des décennies de réticences liées à une culture de la conflictualité et à un rôle de contre-pouvoir difficilement compatibles avec la cogestion, la plupart des syndicats français se montrent favorables à une plus grande participation des salariés aux instances de direction des entreprises. Les choses avancent aussi, certes à petits pas, côté patronal[12]. Le remarqué rapport Senard-Notat, rédigé en 2018 sous la plume de l'ancienne secrétaire générale de la CFDT et de l'ancien P-DG de Michelin, devenu ensuite P-DG de Renault, se prononce ouvertement en faveur de la cogestion. Aux États-Unis, la Securities and Exchange Commission, que l'on ne peut soupçonner de gauchisme, reconnaît quant à elle que « les représentants des salariés dans les conseils présentent les mêmes avantages que les administrateurs dits indépendants », ce à quoi elle ajoute que « contrairement à ces derniers, ils ont en général une connaissance fine et de première main de la réalité de l'entreprise[13] ».

Contrairement aux idées reçues, un système de cogestion présente de nombreux avantages pour l'entreprise. La cogestion favorise l'innovation, contrairement à l'idée qui voudrait que, en privilégiant des arbitrages au profit des salaires, elle induise une baisse des investissements et des dépenses en recherche et développement[14]. Comme cela a été souligné dans le rapport évoqué plus haut, les salariés apportent une « contribution précieuse par leur compréhension de l'intérieur, leur connaissance des métiers, de l'histoire de l'entreprise et par leur attachement à sa continuité[15] ». Cette contribution tient aussi au fait que l'autonomie, en favorisant l'engagement de soi, stimule la créativité des salariés et avec elle leur capacité à innover. Un certain nombre d'études inspirées des cas allemand et finlandais pointent également un impact positif sur la productivité[16], de même que l'obtention de conditions plus favorables auprès des banques, rassurées par les stratégies moins risquées des entreprises dont la politique est codéfinie avec leurs salariés[17]. L'amélioration du dialogue social que permettent un fonctionnement plus démocratique et une meilleure circulation des informations constitue un autre atout de l'entreprise cogérée.

La cogestion n'est pas seulement un atout pour l'entreprise. Ses avantages pour les salariés sont également significatifs. Les résultats d'études réalisées à des époques différentes et sur la base d'échantillons distincts sont concordants quant à une amélioration des conditions de travail, une augmentation du bien-être au travail[18] et une baisse significative du turnover, notamment du nombre de démissions[19], ce qui constitue un indicateur intéressant de satisfaction des salariés. Il faut dire que la présence de salariés dans les instances de direction est de nature à favoriser la définition d'objectifs économiques compatibles avec une charge de travail raisonnable. L'impact s'avère également positif sur les salaires (montant et écart entre femmes et hommes[20]), sur le nombre de promotions, de même que sur le recours à la formation continue[21]. Les études sur le turnover montrent non seulement une baisse du nombre de démissions, mais aussi du nombre de licenciements, conséquence probable de la propension – qui n'a toutefois rien de systématique – des représentants des salariés aux instances de direction à faire pencher la balance du côté de la protection de l'emploi[22]. Le nombre limité de délocalisations en Allemagne n'est sans doute pas étranger à la place qu'y occupent les salariés dans les instances de direction des entreprises. Une place qui pourrait être aussi un précieux moyen d'endiguer le remplacement des salariés par des IA. Même si l'homme est capable de comportements autodestructeurs, il est hautement probable que les représentants des salariés ne voteront pas massivement pour la disparition des emplois au profit d'intelligences artificielles.

La conjugaison des trois strates d'autonomie qui viennent d'être envisagées ne suffira pas faute de prendre en considération une dernière donnée : la finalité de l'entreprise. L'autonomie suppose une volonté d'agir bien plus forte que celle requise par l'obéissance aux ordres dans un rapport classique de subordination. Cette volonté positive, qui contraste avec la volonté négative de celui qui refuse un ordre qu'il estime illégitime, ne sera effective que si elle se déploie dans une entreprise dont les salariés comprennent les valeurs et partagent la finalité.

CHAPITRE 8

Redonner du sens à l'entreprise

Faire évoluer le salariat sans changer l'entreprise est un non-sens. Qui a envie de s'investir dans une entreprise qui sert une cause contraire à ses valeurs ? Quelle portée peut avoir l'autonomie pour des salariés qui accomplissent leur travail dans un but exclusivement alimentaire, avec le minimum de zèle, au service d'une entreprise condamnée plusieurs fois pour pollution ou d'un Ephad qui demande à ses agents de traiter à la hâte et à moindre coût ses pensionnaires, le tout en contradiction avec leurs convictions personnelles en faveur de l'environnement ou des personnes vulnérables ? On ne s'investit pas dans une entreprise dont on rejette la politique, à moins de penser qu'on aura un poids tel qu'on pourra en modifier le sens. On ne motive pas les salariés en leur donnant pour horizon la maximisation du rendement financier, quitte à promettre à ceux qui sont aussi actionnaires la distribution de dividendes et aux autres une hypothétique augmentation de salaire. Pour beaucoup de jeunes, la question n'est en effet pas uniquement de savoir à quelles conditions ils vont travailler, quel salaire ils vont toucher et s'ils vont être en mesure d'équilibrer leurs vies personnelle et professionnelle. Elle est aussi de savoir quelle va être leur contribution au bien commun. Ce qui peut être relativement indifférent pour un freelance qui n'est pas en tant que tel membre de l'entreprise pour laquelle il intervient en tant que prestataire extérieur, est devenu primordial pour nombre de salariés, de surcroît lorsqu'ils sont engagés sur une durée indéterminée ! Le *bullshit job*, pour reprendre l'expression consacrée, ne se définit pas uniquement par l'inutilité des tâches à accomplir, mais aussi par celle de l'entreprise elle-même.

La grève de salariés de Sanofi pour faire sortir les médicaments de la logique de marché après plusieurs scandales sanitaires, celle de salariés de Facebook pour dénoncer l'inaction de leur patron face aux *fake news* débitées par Donald Trump sur le réseau social, mais aussi et surtout la mobilisation croissante des jeunes générations sur l'impact environnemental des entreprises sont autant de symboles de cette quête de sens[1]. Près de 70 % des jeunes de 18 à 30 ans affirment être prêts à renoncer à postuler dans des entreprises qui ignorent les enjeux écologiques. 56 % d'entre eux ont déjà eu le sentiment de faire une tâche inutile, 48 % pensent que leurs collègues ou leur hiérarchie ne prennent pas au sérieux les questions sociales et écologiques, 44 % considèrent que leur métier a un impact négatif sur la planète et 42 % que leur entreprise fait du *greenwashing*. Ces mêmes jeunes montrent d'un autre côté un fort attachement au travail, puisque 77 % continueraient à travailler s'ils n'avaient plus besoin de gagner de l'argent pour vivre[2]. Des chiffres qui témoignent tout autant de la nécessité absolue de renoncer aux politiques d'entreprise tournées exclusivement vers la logique de marché que de l'espoir qui peut être placé dans un renouveau de l'entreprise, avec des salariés prêts à mettre leur capacité d'initiative au profit de valeurs auxquelles ils croient et au service d'objectifs qui font sens pour eux.

Responsabiliser l'entreprise

Lorsqu'on sait que 100 entreprises sont à l'origine de 71 % des émissions de gaz à effet de serre à l'échelle du monde, que la santé des salariés et leur bien-être global sont à un pourcentage très élevé de la responsabilité de l'entreprise (74 % des salariés déclarent que leur état de santé psychologique est en partie ou totalement lié à leur travail[3]), on mesure le degré de responsabilité des entreprises dans la réalisation du bien commun. Même s'il faut se garder de tirer des conclusions définitives d'un événement qui a fait que tous, défavorisés comme favorisés, se sont sentis concernés et ont pris peur, la crise du Covid-19 a montré que, lorsqu'elles le veulent, les entreprises, petites et grandes, sont capables de se détourner de l'intérêt exclusif de leurs actionnaires pour œuvrer à l'intérêt général. Decathlon a retiré de la vente ses masques de plongée pour les offrir aux établissements de santé et aux soignants, Safran et Segula Technologies ont mis en ligne les fichiers permettant l'impression 3D d'adaptateurs protecteurs de risques d'aérosolisation, L'Oréal a fourni gratuitement du gel hydroalcoolique aux hôpitaux et aux soignants. Et une kyrielle de petites et moyennes entreprises ont mis leur savoir-faire au service de la confection de matériel de protection. Le commerce international, frappé par le drame du Rana Plaza qui a coûté la vie à plus de 1 000 salariés des sous-traitants des plus grandes marques de textile, a aussi vu se développer la pratique des clauses sociales par lesquelles une entreprise, souvent de taille importante, subordonne la possibilité de commercer avec elle au respect des droits sociaux fondamentaux. La présence de telles clauses dans leurs contrats commerciaux a permis à Promod et à Monoprix de résilier les contrats conclus avec des sous-traitants qui pratiquaient le travail des enfants, des salaires indécents et des conditions de sécurité inacceptables[4] !

Sur cette question comme sur les autres, on ne changera pas les pratiques en jouant sur la seule bonne volonté des uns et des autres, à moins de se satisfaire de quelques cas emblématiques mais très minoritaires. Une bonne volonté qui, lorsqu'elle existe, n'est de surcroît pas toujours suffisante. L'histoire d'Emmanuel Faber l'illustre très bien. En 2021, deux actionnaires de fonds activistes représentant à peine 6 % du capital social de Danone avaient réussi à convaincre le conseil d'administration, composé à une écrasante majorité de représentants du capital, d'évincer le P-DG de l'époque, dont la politique avait pourtant été approuvée par l'assemblée générale à plus de 99 %. La raison : le rendement de l'action était trop faible, à savoir 30 % pour Danone contre 70 % pour le concurrent Nestlé. Emmanuel Faber, alors considéré comme l'un des P-DG les plus « sociaux » du CAC40, avait quelques mois plus tôt fait valider par l'assemblée générale sa proposition de faire de l'entreprise une société à mission. En adoptant ce statut créé en 2019, l'entreprise s'était donné statutairement une finalité d'ordre social ou environnemental (« apporter la santé par l'alimentation au plus grand nombre »), en plus du but lucratif attaché à toute société commerciale, quitte à réaliser moins de profits.

Cette histoire et bien d'autres encore montrent combien il est important de se donner les moyens de lutter contre une logique exclusivement financière, malignement incarnée par la pratique bien connue d'un certain nombre de fonds qui s'infiltrent dans le capital des sociétés pour leur imposer des politiques agressives de réduction des coûts. Ces fonds vont investir dans une entreprise dans la perspective de revendre au moment le plus opportun leurs actions. Entre-temps, ils vont chercher à prendre le pouvoir en décrédibilisant les dirigeants en place, le but étant d'augmenter sur le très court terme le prix des actions pour pouvoir récupérer un bénéfice lorsque celles-ci seront vendues. De l'intérêt à long terme de l'entreprise et de celui de ses salariés, et des dégâts sociaux et environnementaux que leur politique peut causer, ils n'ont que faire ! Une fois l'opération réalisée, le fonds désertera l'entreprise à la recherche d'une autre proie.

Dans un monde dominé par le capitalisme financier et dans des entreprises qui, en France, n'accordent pour l'heure que peu de place aux représentants des salariés dans leurs instances de direction, on ne peut se contenter de pratiques volontaires d'entreprises supposément vertueuses. Il est tout aussi illusoire de voir dans le vocabulaire (leader, collaborateur, coach, porte-parole…), le tutoiement et le vêtement cool du chef d'entreprise qui cherche à ressembler à ses salariés le reflet d'une évolution spontanée de l'entreprise et de ses dirigeants. La Commission européenne elle-même a franchi le pas. Après avoir longtemps défini la responsabilité sociétale des entreprises (RSE) comme « un concept qui désigne l'intégration volontaire, par les entreprises, de préoccupations sociales et environnementales à leurs activités commerciales et leurs relations avec leurs parties prenantes[5] », elle a fini par purger sa définition de toute référence à la « volonté » des entreprises.

Des raisons d'espérer

Le législateur l'a bien compris et des progrès significatifs ont été accomplis. Les entreprises d'une certaine taille sont aujourd'hui obligées de déclarer leur impact social et environnemental, avec des contrôles qui se renforcent au fil des réformes. Les moyens ont longtemps été mis sur la lutte contre les fausses déclarations fiscales. L'heure est aujourd'hui également, y compris au niveau européen, à la lutte contre les fausses déclarations environnementales et sociales, réservoirs du *greenwashing* et du *socialwashing*. Un mécanisme plus ambitieux a vu le jour, lui aussi destiné à limiter les effets sociaux et environnementaux de l'activité des entreprises. Le devoir de vigilance, adopté en France en 2017 avant d'être consacré en 2024 par l'Union européenne, consiste à obliger les grandes entreprises à prévenir les atteintes graves envers les droits humains, la santé et la sécurité des personnes ainsi que l'environnement, liées à leur activité ainsi qu'à celle de leurs filiales et sous-traitants. Prévenir la violation des droits humains est une chose. Promouvoir l'intégration dans les politiques d'entreprise des enjeux sociaux et environnementaux, en dehors de tout contexte de violation des droits fondamentaux, est plus complexe.

Un levier intéressant consiste à agir sur les critères de rémunération des dirigeants dans l'idée que, fondée sur des critères sociaux et environnementaux, la politique de rémunération influencera *de facto* la politique de l'entreprise. La part des critères non financiers dans la politique de rémunération des dirigeants progresse certes, mais elle représente à peine un quart des critères de la rémunération variable annuelle et un cinquième des critères de la rémunération de long terme (stock-options, actions gratuites). Ce sans compter que les critères sociaux sont largement sacrifiés aux critères environnementaux, sans doute en partie parce que le consommateur est davantage sensibilisé à l'impact environnemental du produit qu'il achète qu'aux conditions de travail de ceux qui l'ont conçu ou distribué ! Le Forum pour l'investissement responsable constate, dans son rapport pour 2022, que sur les trente-quatre sociétés ayant détaillé leurs critères de bonus, treize n'ont que des critères environnementaux dans leurs politiques de rémunération des dirigeants. En comparaison, deux se fondent exclusivement sur des critères sociaux. S'il faut agir sur la rémunération des dirigeants, celle des managers gagnerait aussi à dépendre en partie, pour sa part variable, de critères sociaux et environnementaux. Un tel levier pourrait contribuer à orienter les méthodes de management dans l'entreprise, par la prise en compte du nombre annuel de démissions, de burn-out, d'accidents du travail dans le calcul de la rémunération des managers.

Au-delà des propositions concrètes qui peuvent être formulées se joue ici une autre conception, non exclusivement marchande, de la société. Classiquement, la société est un contrat dont seuls les associés sont partie, les dirigeants recevant mandat des actionnaires pour gérer leurs capitaux de manière à en obtenir le meilleur rendement. Les salariés et autres parties prenantes sont alors de simples tiers dont la défense des intérêts est étrangère à celle de l'intérêt de la société. Comment l'intérêt des salariés qui passent une part essentielle de leur temps de vie dans l'entreprise et contribuent tout autant que les actionnaires, certes à un titre différent, à sa réussite, peut-il être considéré comme étranger à celui de la société ? Cette approche classique de la société, en partie responsable du retard de la France dans la mise en place de politiques de cogestion, est fort heureusement concurrencée par une conception élargie de l'entreprise englobant tout autant les actionnaires que les salariés.

Le Code civil a opéré un tournant majeur dans cette direction puisque, depuis 2019, toute société « est gérée dans son intérêt social, en prenant en considération les enjeux sociaux et environnementaux de son activité[6] ». Il faut comprendre que le travail et la nature ne sont plus seulement des ressources – humaines et naturelles – au service du développement des sociétés, mais doivent être intégrés dans les processus de décision en tant qu'intérêts à protéger. Même si l'avancée est intéressante sur le papier, tout va dépendre de la portée que les juges donneront dans les prochaines décennies (le temps du droit est un temps long[7]) à un texte qui peut tout autant transformer l'entreprise en invalidant une délocalisation dans un pays qui viole les droits sociaux fondamentaux ou une politique de remplacement de l'homme par la machine que n'avoir qu'une portée symbolique. Les termes utilisés, par leur flou (« prise en considération », « enjeux »), exposent en effet à ce que ce texte ne dépasse pas le stade de la pétition de principe. Bien que la différence soit anecdotique, le Conseil d'État a convaincu le gouvernement de la nécessité de préférer l'expression « en prenant en considération » à l'expression « en considérant », au motif que le texte traduit « une préoccupation générale dont on a conscience et non un but précis que l'on se donne[8] » ! Le moins contraignant sera le mieux, croit-on comprendre ! Pour les seules sociétés commerciales, à peine trois ans après l'adoption de ce texte, le législateur ajoutait à la prise en considération des enjeux sociaux et environnementaux celle des enjeux « culturels et sportifs » de leur activité[9]. Sans nier l'importance du sport, placer les enjeux sportifs – très énigmatiques pour une majorité d'entreprises – au même plan que les enjeux sociaux et environnementaux n'est pas de nature à rassurer sur la volonté du législateur de repenser la société ! Il est vrai toutefois que bon nombre d'exemples montrent qu'un texte très général peut produire de formidables avancées par l'interprétation qui en est faite au fil des années.

L'intégration des considérations sociales et environnementales dans la gestion des sociétés se prolonge dans la possibilité qui leur est offerte de se doter d'une raison d'être. L'entreprise agroalimentaire Nutriset se donne ainsi comme projet à long terme d'« apporter des propositions efficaces aux problématiques de nutrition et malnutrition des enfants », Decathlon de « rendre durablement le plaisir et les bienfaits de la pratique du sport accessibles au plus grand nombre », EDF celui de « construire un avenir énergétique neutre en CO_2 », Groupama de « permettre au plus grand nombre de construire leur vie en confiance », Philip Morris, si déroutant que cela puisse paraître, de « se mobiliser et innover pour permettre aux fumeurs adultes d'arrêter la cigarette en faisant de meilleurs choix » ou encore Carrefour de contribuer à la « transition alimentaire pour tous ». Contrairement à la prise en considération des enjeux sociaux et environnementaux qui s'impose à toute société, que ses dirigeants et actionnaires le veuillent ou non, la définition d'une raison d'être a été conçue comme facultative. Vu le peu de contraintes que génère cette inscription dans les statuts de l'entreprise, il ne serait pas incongru de la rendre obligatoire et de l'assortir d'une exigence minimale de précision. Que peut-on attendre de la raison d'être affichée par Michelin qui s'engage à « offrir à chacun une meilleure façon d'avancer » ou de celle inscrite dans les statuts d'Orange de « donner à chacune et à chacun les clés d'un monde numérique responsable » ?

Certifier les entreprises vertueuses

Les discours coûtent moins cher que les bonnes pratiques. Sur son site Internet, Orpea se présente comme « l'acteur de référence dans la prise en charge globale de la dépendance ». Si l'on en croit les propos de Victor Castanet dans son livre *Les Fossoyeurs*, les aides-soignants n'ont pas l'autonomie la plus élémentaire, celle de déterminer le nombre de couches nécessaire aux résidents dont ils ont la charge[10] ! À une époque où il est si facile de communiquer et où le contrôle de l'information (le contenu du site Internet de l'entreprise, l'avis des soi-disant clients, etc.) est si aléatoire, il est indispensable de se donner les moyens de détecter les pratiques faussement vertueuses que le théoricien suédois des organisations Nils Brunsson a très bien décrites à travers son concept d'hypocrisie organisationnelle.

Des pratiques qui trompent tout autant les clients que les investisseurs, l'État et les candidats à l'embauche. Le statut d'entreprise à mission évoqué plus haut constitue un intéressant précédent puisqu'un organisme indépendant vérifie tous les deux ans la conformité de son activité réelle à la raison d'être mentionnée dans ses statuts.

Pour développer ce type de pratiques, le recours aux labels ne suffira pas, d'abord parce que leur profusion permet aux entreprises de choisir celui qui les arrange en fonction des indicateurs qui leur sont les plus favorables, ensuite parce que l'absence de contrôle systématique par un organisme public laisse la voie ouverte aux labels de complaisance. On se souvient de la polémique suscitée par Intermarché qui avait fait campagne en affichant un label (« pêche responsable »), dont le graphisme pouvait se confondre avec le label indépendant Marine Stewardship Council, reconnu comme attestant d'une pêche durable. Intermarché avait pourtant recours aux produits issus de la pêche industrielle ! Même si certains labels sectoriels (par exemple le label RSE de l'Unicem destiné aux entreprises de fabrication de l'industrie du béton prêt à l'emploi) ou généralistes (RSE Engagé Afnor, B Corp, Lucie 26000, Ecocert, Global compact, label ISR) ont une fiabilité avérée, la labellisation n'offre pas de garanties équivalentes à la certification.

Au contraire de la labellisation, la certification est conditionnée à la supervision par un organisme reconnu par l'État, tout en restant une démarche volontaire. Toute une série d'éléments pourraient servir d'indicateurs dans le cadre d'un processus de certification, comme les heures de formation, les accidents du travail, les emplois occupés par des personnes en situation de handicap, le nombre de négociations ouvertes, de délits d'entrave et d'accords conclus, de condamnations définitives pour licenciement injustifié, le pourcentage d'administrateurs salariés dans les instances de direction... Les indicateurs les plus complexes pourraient faire l'objet d'index, comme c'est aujourd'hui le cas des écarts de rémunération. Les entreprises françaises cotées en Bourse sont tenues de publier chaque année un ratio d'équité qui mesure l'écart entre la rémunération des dirigeants et les salaires moyens des salariés. Lorsqu'on sait que le ratio dépasse 1 000 dans certaines entreprises (Sundar Pichai, le patron de la maison mère de Google, a atteint en 2020 le ratio record de 1 085), on conçoit aisément son utilité. L'égalité entre les femmes et les hommes fait, elle aussi, l'objet d'un index, obligatoire pour les entreprises d'au moins 50 salariés. Il est composé d'une série d'indicateurs dont la somme donne une note sur 100 que l'entreprise est tenue de calculer et de publier chaque année. Ces index pourraient être inclus dans la procédure de certification et être complétés par un index de qualité de vie au travail, construit à partir d'indicateurs quantitatifs (taux d'absentéisme, taux de turnover, départs non volontaires, pourcentage de salariés en télétravail et nombre de jours de télétravail) et qualitatifs (stress, ambiance de travail, degré d'autonomie, définition conjointe des objectifs)[11]. Un tel index permettrait, entre autres, de mesurer l'autonomie accordée aux salariés de l'entreprise, sur la base d'une enquête annuelle réalisée à partir de données individuelles et collectives. Les données individuelles seraient obtenues à partir de questionnaires anonymes à remplir par les salariés de l'entreprise, le cas échéant d'entretiens d'évaluation, comme le prévoient d'ores et déjà un certain nombre d'entreprises dans le contexte notamment de la négociation sur la qualité de vie et des conditions de travail. Les données collectives résulteraient d'une enquête annuelle (ou bisannuelle suivant la taille de l'entreprise) et de données déjà disponibles dans l'entreprise (informations communiquées au comité social et économique, PV de ses réunions, éventuellement rapports d'expertise, activités sociales et culturelles, accords collectifs et, le cas échéant, chartes sur le télétravail et le droit à la déconnexion...).

L'enjeu de la certification étant d'identifier les entreprises réellement vertueuses, les critères sociaux auraient vocation à cohabiter avec les critères environnementaux. Une cohabitation complexe alors que considérations sociales et environnementales peuvent diverger ! Outre que le travail constitue en soi un facteur potentiel de dérèglement climatique, les injonctions sont parfois contradictoires.

Il est souvent rappelé, en temps de canicule, que le Code du travail ne fixe pas de température maximale pour travailler, bien que selon les recommandations de l'INRS une température de plus de 28 °C pour un poste qui demande une activité physique et 30 °C pour un travail sédentaire constitue une alerte pour la santé des travailleurs. Faut-il laisser aux salariés la responsabilité de s'hydrater (l'employeur est tenu de mettre à leur disposition de l'eau potable et fraîche) ou d'exercer leur droit de retrait lorsqu'ils se sentent en danger, ou doit-on définir dans la loi un seuil de température qui rende, de fait, nécessaire la mise en place de climatiseurs ? On se trouverait dans le second cas face à une injonction contradictoire, la climatisation étant nocive pour l'environnement mais favorable au bien-être immédiat du salarié !

Autre injonction contradictoire qui rejoint la question déjà évoquée des suppressions d'emplois liées à la mise en place de l'IA, les enjeux environnementaux peuvent être la cause de licenciements. Comment appréhender les licenciements consécutifs à la fermeture d'un site pour raison climatique ? Pour l'heure, l'entreprise n'a d'autre choix que de justifier de difficultés économiques ou des nécessités de sauvegarde de sa compétitivité. Des propositions commencent à émerger en faveur de la création d'un motif écologique de licenciement qui permettrait de rompre les contrats de travail pour raison environnementale, quelle que soit la situation économique de l'entreprise[12]. On risque par une telle mesure de favoriser le comportement opportuniste d'employeurs qui tireraient prétexte d'une prétendue volonté écologique pour licencier, à moins précisément de réserver la possibilité d'invoquer le motif écologique de licenciement aux entreprises qui présenteraient un haut niveau de certification, celles dont on a toutes les raisons de considérer qu'elles ne font pas de l'argument écologique un faux-semblant pour licencier.

Tout l'intérêt d'un dispositif de certification est en effet d'encourager les entreprises à être vertueuses, par la mise en place de mécanismes incitatifs comme des exonérations fiscales ou des aides diverses (accès privilégié aux prêts, subventions...) ou par un accès prioritaire à certains marchés. L'État, qui le pratique pour la commande publique, est aujourd'hui en mesure d'identifier les activités économiques (l'Union européenne a adopté une « taxonomie » des activités sur la base de leur impact environnemental) et les produits qu'il convient de favoriser ou au contraire de défavoriser. La certification pourrait aider au développement de la conditionnalité dans les aides accordées aux entreprises en matière de responsabilité sociétale, avec un niveau d'aide qui pourrait être fonction du niveau de certification (au regard notamment du score des index) et de la taille de l'entreprise (le nombre d'indicateurs requis serait sensiblement réduit pour les PME).

La petite et la grande entreprise

On ne peut attendre de la multinationale et de la petite entreprise familiale le même engagement social et environnemental. Ce n'est pas un hasard si la législation est truffée de seuils d'effectifs et si les obligations sociales et environnementales sont plus contraignantes pour la grande que pour la petite entreprise. La déclaration de performance extrafinancière concerne moins de 5 000 entreprises sur les près de 4 millions d'entreprises françaises, et le devoir de vigilance, avec un seuil de 5 000 salariés en France, concerne moins de 300 entreprises et ne devrait pas en concerner plus de 500 lorsque, en 2029, les règles européennes recevront leur pleine application. Le ratio d'équité sur les écarts de rémunération est réservé aux entreprises d'au moins 1 000 salariés, tout comme la participation obligatoire des salariés à la gestion. La solution consiste-t-elle à laisser sur le bord de la route les petites et moyennes entreprises dans un pays où 99 % des entreprises sont des PME, c'est-à-dire ont un effectif de moins de 250 salariés et un chiffre d'affaires annuel inférieur à 50 millions d'euros ? Ce alors que les jeunes font plus confiance aux PME (67 %) qu'aux grandes entreprises (45 %) pour répondre aux enjeux environnementaux[13].

Il ne fait pas de doute que les grandes multinationales ont une responsabilité accrue dans la réalisation du bien commun, ne serait-ce qu'en raison de leur impact environnemental et social plus élevé. Il n'y a toutefois là rien qui justifie d'exclure les petites et moyennes entreprises ! En sus des aides et subventions, une aide technique et juridique substantielle devrait leur être accordée pour la mise en place de politiques sociales et environnementales vertueuses dans le cadre d'un *Small Business Act* à la française, sur le modèle du très puissant *Small Business Act* américain. Même si la France rattrape progressivement son retard avec encore récemment la création du service public « Place des entreprises » ou celle du dispositif « Prestation de conseil en ressources humaines » (PCRH) destiné à pallier l'absence de service spécifique dans la plupart des petites entreprises, on est encore loin de la puissante administration américaine (la Small Business Administration) dédiée aux petites entreprises et facilitant, avec l'appui d'importants moyens, l'accès aux prêts, au droit, aux marchés publics…

Le traitement de la PME par rapport à la grande entreprise pose aussi la question de la définition de la taille de l'entreprise, qui ne peut reproduire au XXIe siècle le schéma des XIXe et XXe siècles. On ne peut plus se contenter du critère des effectifs pour définir le seuil des obligations des entreprises, comme c'est aujourd'hui encore le cas en matière sociale. Pourquoi traiter plus favorablement la start-up de 10 salariés évoluant dans les nouvelles technologies qui fait 500 millions d'euros de chiffre d'affaires que l'entreprise de bâtiments et travaux publics dont l'effectif est cinq fois supérieur, mais le chiffre d'affaires cent fois inférieur ? Il suffira à la première d'un trimestre de baisse de chiffre d'affaires ou de commandes pour licencier alors qu'il en faudra deux pour la seconde. Le critère du nombre de salariés perd d'autant plus de sa pertinence qu'il aboutit, avec l'arrivée des *business models* fondés sur l'évitement du salariat, à présenter des mastodontes – la remarque ne vaut pas pour Amazon, deuxième plus gros employeur au monde derrière Walmart – comme des entreprises de taille moyenne. Avec ses 150 salariés pour 30 000 chauffeurs, Uber peut-il être traité comme la PME employant 150 salariés dans le BTP ou l'agriculture ? Intégrer le chiffre d'affaires dans la définition de la taille de l'entreprise, comme cela est désormais le cas pour la mise en œuvre du devoir de vigilance ou la déclaration de performance extrafinancière, et comme le prévoit le *Small Business Act* américain, est nécessaire pour traiter de façon équitable et équilibrée les entreprises les unes par rapport aux autres, tout comme l'est le fait de distinguer les entreprises indépendantes de celles appartenant à un groupe.

Un nombre significatif de PME choisissent en effet, pour se développer, non pas d'augmenter leurs effectifs, mais de créer ou de rejoindre un groupe. Lorsqu'on sait que plus de la moitié des entreprises de 20 salariés appartiennent à un groupe, on mesure l'ampleur du phénomène. Un chiffre qui monte à 80 % lorsqu'on avoisine le seuil fatidique de 50 salariés ! Quant aux groupes de 5 000 salariés ou plus, ils comptent parmi les entreprises qui les composent près d'un tiers d'unités de moins de 10 salariés et un autre tiers de 10 à moins de 50 salariés[14]. Le phénomène est redoutable. L'entreprise de 40 salariés, plutôt que d'embaucher 15 salariés et se retrouver à franchir le seuil de 50 salariés, va faire le choix de racheter ou créer une autre entreprise pour former un groupe composé d'entités se situant toutes en dessous du seuil des 50 salariés. Elle échappera aux nombreuses obligations légales destinées pour la plupart à la protection des salariés (mise en place d'un comité social et économique avec ses pleins effets, désignation de délégués syndicaux, élaboration d'un plan de sauvegarde de l'emploi en cas de licenciement pour motif économique, obligations de négocier…).

Des progrès significatifs ont été accomplis pour intégrer la spécificité de ces entreprises qui, entre autres, ne peuvent pas bénéficier du taux réduit de l'impôt sur les sociétés, ne peuvent pas licencier leurs salariés pour motif économique (sauf à cesser purement et simplement leur activité) si la situation du groupe – en France – auquel elles appartiennent ne le justifie pas, sont tenues de mettre en place un comité social et économique si une communauté de travail, une direction commune de même qu'une similarité ou complémentarité d'activité sont établies avec une autre entreprise du groupe. Bien qu'il soit aujourd'hui acquis que la société mère engage sa responsabilité en organisant sciemment la déconfiture de sa filiale et la disparition de ses emplois, voire, dans de rares situations, devient coemployeur des salariés de sa filiale, il reste encore des progrès à faire pour que des entités qui se sont organisées en groupes de sociétés n'échappent pas à leur responsabilité en se constituant en sociétés distinctes. La mécanique très originale du devoir de vigilance, qui vise filiales, sous-traitants ou encore fournisseurs, montre que l'enjeu n'est pas seulement d'appréhender le groupe mais, au-delà, l'ensemble de la chaîne de production ou de valeur.

Cela veut dire enrichir la façon dont nous appréhendons l'entreprise, très loin de cette société fermée, constituée de ses seuls actionnaires, dont la finalité est de défendre l'intérêt exclusif de ces derniers, et dont les contours, eux aussi cloisonnés, sont ceux voulus par eux. Tout l'inverse, en somme, de ce qui est requis pour un véritable investissement des salariés, à commencer par les plus jeunes d'entre eux, dans leur entreprise et pour que soient réunies les conditions d'une autonomie vertueuse.

Conclusion

Consacrer l'autonomie des salariés, leur reconnaître des capacités d'initiative au-delà de l'écart irréductible entre travail prescrit et travail réel, les associer à la gestion de leur entreprise n'est pas seulement possible. C'est aussi souhaitable non seulement pour eux qui y trouveront le moyen de mieux concilier vie personnelle et vie professionnelle, de retrouver la maîtrise de leur travail, voire de réorienter la politique de leur entreprise (politique salariale, bien-être au travail, évitement du remplacement de l'homme par l'IA, protection de l'environnement...), mais aussi pour les employeurs qui ont tout à gagner à voir leurs salariés prendre des initiatives et s'impliquer davantage dans l'entreprise.

Mais pas à n'importe quelles conditions ! D'abord, l'autonomie doit profiter à tous, pas seulement aux cadres et aux travailleurs dits « intellectuels ». Il y a là un enjeu majeur alors que le fossé se creuse entre ceux qui, asservis non plus seulement à un supérieur hiérarchique mais aussi à un algorithme, sont chaque jour un peu plus subordonnés et les autres qui, à l'image de la plupart des cadres en télétravail, bénéficient d'une autonomie certaine dans l'organisation de leur travail. On en arrive à la deuxième condition, celle d'une autonomie qui ne se résume pas à la définition de l'emploi du temps, mais associe les salariés tant à la définition de leurs conditions de travail que du travail lui-même et de la politique de leur entreprise, faute de quoi autonomie a toutes les chances de rimer avec accroissement de la charge de travail. Troisième condition, l'autonomie n'est viable que dans une entreprise vertueuse, soucieuse des enjeux sociaux et environnementaux de son activité. Parce qu'elle suppose de la part de l'individu initiative, engagement et volonté d'agir, l'autonomie ne produira les effets escomptés que si elle est mise au profit d'une entreprise dont les salariés ont le sentiment qu'elle ne sert pas l'intérêt égoïste de quelques-uns, actionnaires ou dirigeants.

Promouvoir l'autonomie au travail ne signifie toutefois pas prôner la liberté à tout prix. L'autonomie a ses limites que commande la nature même de la relation de travail salariée qui est une relation de pouvoir. Contrairement à ce que suggèrent certains discours sur les organisations horizontales, le pouvoir n'est pas un vestige du passé. Il est omniprésent dans un très grand nombre d'entreprises, sous des formes certes plus diffuses (la fixation d'objectifs à réaliser), souvent invisibles (la surveillance technologique) mais bien réelles, y compris lorsque le travail s'effectue à distance des locaux de l'entreprise. Doit-on aspirer, à supposer que cela soit réalisable, à voir le contrôle disparaître au nom d'une conception égalitaire des rapports de travail ? Nous ne partageons pas les discours sur la fin du contrôle, prisés de certaines théories managériales, notamment des tenants de l'« entreprise libérée », tant ils occultent ce qui fait l'essence du salariat et justifie ses protections, c'est-à-dire l'existence d'un rapport de pouvoir. L'employeur a le pouvoir de contrôler le respect par son salarié de ses objectifs, de surveiller qu'il est en train de travailler, qu'il respecte ses plages horaires, qu'il se comporte de façon adéquate avec ses collègues et avec les clients… Ne pas prendre en compte cette donnée, c'est prendre le risque de délégitimer les protections du salariat et mettre en péril leur existence à moyen ou long terme. C'est aussi encourager le transfert de la responsabilité d'employeur sur les salariés, le couple pouvoir-responsabilité sur lequel repose la protection disparaissant aussitôt que la relation de travail cesse d'être considérée comme une relation de pouvoir.

La question essentielle n'est en réalité pas celle de l'existence du contrôle. Elle est celle des limites du contrôle. Des limites qui sont aujourd'hui repoussées à un point extrêmement préoccupant, par la surveillance à outrance en tout lieu et à tout moment, par des objectifs volontairement excessifs, par une hyperconnexion qui ronge la vie privée des salariés… Les niveaux affichés de souffrance mentale au travail et l'augmentation exponentielle des plaintes pour harcèlement moral sont là pour l'attester. Les graves excès constatés ici et là dans le contrôle des salariés sont d'autant plus préoccupants qu'ils transforment une autonomie qui devrait être émancipatrice en une autonomie destructrice, et poussent les salariés qui ne tombent pas en dépression à fuir vers le travail indépendant. Une fuite sans filet puisque l'indépendant est un travailleur sans protections ! Certains se diront qu'ils ne perdent rien à sortir du salariat, aujourd'hui incapable de les protéger. Ce serait occulter les avantages considérables que l'on peut avoir à être salarié : une indemnisation en cas de maladie et accident du travail, un salaire garanti, y compris les mois où le chiffre d'affaires de l'entreprise est en baisse, une protection contre la rupture, etc. Ce serait aussi véhiculer une vision tronquée et idéalisée du travail indépendant qui n'est pas, loin de là, le graal tant espéré par nombre de jeunes entrant sur le marché du travail.

Pour en arriver à cette autonomie émancipatrice, étape nécessaire dans le processus de réhabilitation du salariat, on ne peut pas compter uniquement sur le bon vouloir d'entreprises vertueuses, encore moins sur la culture de performance qui gouverne nos sociétés modernes, jusqu'à instrumentaliser le bonheur pour en faire un moyen au service de l'efficacité économique. Les droits fondamentaux (vie personnelle, dignité, sécurité, environnement sain…) qui ont constitué le fil rouge du présent ouvrage ont un rôle essentiel à jouer en remettant au cœur du travail la personne du salarié. Une condition *sine qua non* pour remettre les priorités dans le bon ordre, c'est-à-dire faire primer l'épanouissement de la personne humaine sur les intérêts de groupements économiques. Cet indispensable changement ne sera possible que si les citoyens, à commencer par les plus jeunes d'entre eux, s'en saisissent non pas seulement pour agir devant les tribunaux en réparation des dommages subis, mais aussi et surtout pour poser les valeurs d'une société plus juste, tournée vers le bien commun. Un engagement social et environnemental qui constitue l'une des clés de l'entreprise de demain et, espérons-le, du bonheur au travail des générations futures.

Notes

Introduction

1. Santolaria N., « Ces entreprises qui copient le *room service* des palaces pour faire revenir les salariés au bureau », *Le Monde*, 4 janvier 2024.
2. Coutrot T., Perez C., *Redonner du sens au travail*, Seuil, 2022.
3. Reisinger H., Fetterer D., « Oubliez la flexibilité, vos employés veulent de l'autonomie », *Harvard Business Review*, 4 mai 2023.
4. Sondage Harris Interactive pour le collectif Pour un réveil écologique, juin 2023.
5. Eurofound, vague 2021.
6. Phénomène consistant à rester au travail mais à en faire le moins possible.
7. Crawford M., *Éloge du carburateur*, La Découverte, 2010.
8. « Télétravail. Aux États-Unis, travailler à distance nuit à la carrière », *Courrier international*, 16 janvier 2024.
9. Gorz A., *Adieux au prolétariat. Au-delà du socialisme*, Galilée, 1980.

CHAPITRE 1

La liberté à tout prix

1. Étude Workforce View, People at work 2022.
2. Carney B. M., Getz I., *Liberté & Cie. Quand la liberté des salariés fait le succès des entreprises*, Fayard, 2012 ; Flammarion, « Champs », 2016.
3. Hardy M., « Qu'est-ce qu'une entreprise libérée », Cadremploi, 2020.
4. Hsieh T., *L'Entreprise du bonheur*, Éditions Leduc, 2011.

5. Zobrist J.-F., *L'Entreprise libérée par le petit patron naïf et paresseux*, Cherche Midi, 2020, p. 18.
6. Voir aussi parmi toute une littérature managériale, Hastings R., Meyer E., *La Règle ? Pas de règles ! Netflix et la culture de la réinvention*, Harper Collins/Buchet-Chastel, 2021.
7. Zobrist J.-F., *L'Entreprise libérée par le petit patron naïf et paresseux*, *op. cit.*, p. 152.
8. Carney B., Getz I., *Liberté & Cie*, *op. cit.*, p. 251.
9. *Ibid.*, p. 155.
10. CA Versailles, 10 mars 2022, n° 20/02208.
11. Béchillon D. de, *Qu'est-ce qu'une règle de droit*, Odile Jacob, 1997, p. 60.
12. Cité par Zobrist J.-F., *L'Entreprise libérée par le petit patron naïf et paresseux*, *op. cit.*, p. 33.
13. Soc. 29 nov. 1990, n° 87-40.184.
14. Soc. 21 mai 1980, cité par Gaudu F., « Le licenciement pour perte de confiance », *Droit social*, 1992, p. 32.
15. Cité par Thomas J., « Entreprise sans chef, l'avenir d'une utopie », LeMonde.fr, 26 septembre 2021.
16. « Entreprise libérée, les salariés en prennent pour leur grade », *Libération*, 10 mars 2019 ; V. aussi Brière T., *Toxic management*, Robert Laffont, 2021.
17. Linhart D., *L'Insoutenable Subordination des salariés*, Érès, « Sociologie clinique », 2021.
18. Sur le *nudge management*, voir notamment Thaler R., Sunstein C., *Nudge*, Vuibert, 2022.
19. Voir les réflexions de M. Fabre-Magnan dans *L'Institution de la liberté*, PUF, 2018.
20. Voir Zobrist J.-F., *L'Entreprise libérée par le petit patron naïf et paresseux*, *op. cit.*, p. 164 ; B. Carney et I. Getz sont favorables, non à la mise à l'écart des syndicats, mais à de nouveaux types de rapports avec les syndicats, *Liberté & Cie*, *op. cit.*, p. 259 s.

CHAPITRE 2

Les salariés sous surveillance

1. Sondage Expressvpn, avril 2021.
2. Étude Resumebuilder.com, mars 2023.
3. Enquête Software advice, mai 2023.
4. Soc. 22 mars 2023, n° 21-24729.
5. Sirinelli P., « Des puces et des hommes », *Dalloz IP/IT*, 2017, p. 125.

6. Sur le passage au capitalisme de surveillance, voir notamment Zuboff S., *L'Âge du capitalisme de surveillance*, Zulma, 2020.
7. Huot A., « Frozen face, accrocher sa souris à un ventilateur », *L'ADN*, 11 janvier 2021.
8. Soc. 4 mars 2020, n° 19-13.316
9. Conge P., « Sanofi soupçonné de 'surveillance à la Big Brother' sur ses employés », *L'Express*, 15 avril 2016.
10. Soc. 2 juin 2004, n° 03-45.269.
11. Étude Resumebuilder, mars 2023.
12. *Besse v. Reach CPA Inc.*, 2023 BCCRT 27.
13. « Une conductrice d'Amazon partage un TikTok viral du système d'IA de l'entreprise », Developpez.com, 1er mars 2023.
14. Polémique impliquant en particulier Barclays, Lloyds et le *Daily Telegraph* en 2016 et 2017.
15. Israel D. et Zerouali K., « La Samaritaine a camouflé des caméras dans des détecteurs de fumée pour surveiller ses salariés », enquête *LVMH : l'envers de l'empire du luxe*, Mediapart, 25 novembre 2023.
16. Saviana A., « Microsoft 365, le "score de productivité" qui veut surveiller vos performances au travail », *Marianne*, 30 novembre 2020.
17. Kragel, E, Reddan M, Labar K., Wager T., « Emotional schemas are embedded in the human visual system », *Sciences Advances*, juillet 2019.
18. Sirinelli P., Prévost S., « Souriez, vous êtes photographiés ! », *Dalloz IP/IT*, 2020, p. 457.
19. Levenson C., « Aux États-Unis, le boom des logiciels de surveillance du télétravail », *korii.slate.fr*, avril 2020.

CHAPITRE 3

Du temps aux objectifs

1. « L'entreprise libérée, qu'est-ce que c'est ? », *hub-grade*, septembre 2022.
2. Accord Sida Info Service, 23 juin 2022 ; accord Fidens sur le télétravail, 15 septembre 2021.
3. Sondage IFOP, 9 mai 2023.
4. Bernard S., *Le Nouvel Esprit du salariat*, PUF, 2020.
5. Virol G., « Avec l'intelligence artificielle, Amazon autorise tout, même le licenciement », *Usine nouvelle*, 29 avril 2019.
6. Cailhol A., « À La Poste, "un recommandé c'est 1 minute 30, quel que soit le contexte" », *Libération*, 24 juin 2019.

7. Floch M., « Une intelligence artificielle licencie des salariés aux États-Unis, est-ce possible en France ? », *Ouest France*, 23 août 2022.
8. Supiot A., *La Gouvernance par les nombres*, Fayard, 2015.
9. Harwell D., « A face-scanning algorithm increasingly decides whether you deserve the job », *The Washington Post*, 6 novembre 2019.
10. TGI Lyon, 1re Ch., Section 2, Jug. n° 11/05300 du 4 septembre 2013.
11. Tribunal de Bologne, *CGIL Bologne et autres/Deliveroo*, 31 décembre 2020, n° 2949/2019.
12. Healy C., Niven K., « When tough performance goals lead to cheating », *Harvard Business Review*, 8 septembre 2016.

CHAPITRE 4
L'envers du décor

1. « Arrêts maladie et santé mentale dégradée : les jeunes actifs particulièrement touchés selon une étude Malakoff Humanis », Malakoff Humanis, 6 juillet 2022.
2. Beatriz M., « Quels facteurs influencent la capacité des salariés à faire le même travail jusqu'à la retraite ? », *Dares Analyses*, 9 mars 2023, 17.
3. Enquête APEC, « Comment vont les cadres », APEC, 12 septembre 2022.
4. Enquête nationale *Télétravail et travail hybride : quelles conséquences ?*, réalisée par l'Observatoire du télétravail, sous l'impulsion de l'Ugict-CGT, 6 décembre 2023.
5. Voir notamment Dejours C., *Souffrance en France*, Seuil, 1998 ; Hirigoyen, M.-F., *Le Harcèlement moral. La violence perverse au quotidien*, Syros, 1998 ; Ehrenberg A., *La Fatigue d'être soi*, Odile Jacob, 1998 ; Pezé M., *Ils ne mouraient pas tous mais tous étaient frappés. Souffrance et travail*, Flammarion, 2008, rééd. 2023 ; Pezé M., Saada R., Sandret N., *Travailler à armes égales*, Pearson, 2011.
6. Enquête européenne d'ADP118, « The Workforce View in Europe », 2019.
7. CEDH 15 juin 2021, *M. c. Turquie*, req. n° 35786/19.
8. Programme d'action 2023-2027 de la CES ; point 2.3.1.
9. Floch M., « Une intelligence artificielle licencie des salariés aux États-Unis, est-ce possible en France ? », art. cit.
10. TGI, 4 sept. 2013, *préc.*
11. CA Lyon, ch. soc. C, 21 févr. 2014, n° 12/06988.
12. Soc. 3 mars 2021, n° 19-24.232.
13. Godart N., « La journée de travail idéale n'est pas le 9 h-18 h », BFM Business, 15 juin 2016.

14. Soc. 23 oct. 2019, n° 18-14.260.
15. CA Paris, Pôle 6, Ch. 5, 8 janv. 2015, n° 12/09454.
16. Kiss J. de, « Le jeu vidéo comme outil pour recruter », France Info, 17 avril 2022.
17. CA Paris 30 janv. 2024, n° 23/00942.
18. *Hills and Dales General Hospital and Danielle Corlis,* 360 HLRB, 1er avril 2014.
19. Étude de l'Observatoire de l'infobésité et de la collaboration numérique, 2023.
20. Soc. 22 sept. 2010, n° 09-41.495.
21. Soc. 17 nov. 2021, n° 19-24.907.
22. C. trav., art. R. 4542-4.

CHAPITRE 5

Le faux graal du travail indépendant

1. Chiffres, *Independant.io*, 2023.
2. Picq P., *Les Chimpanzés et le Télétravail. Vers une (r)évolution anthropologique ?*, Eyrolles, 2021, p. 41.
3. Prassl J., *L'Ubérisation du travail*, Dalloz, 2021, p. 127.
4. Gabriac A.-S., Léger-Jarniou C., Mboda Y., *Du Salariat à l'entrepreneuriat*, Dunod, 2022.
5. Landour J., *Sociologie des Mompreneurs. Entreprendre pour mieux « concilier » travail et famille ?*, Presses universitaires du Septentrion, 2019.
6. Warne D., « Work and Pensions Committee, oral evidence : Self employment and the gig economy », HC 847, 20A, 16-17.
7. *Emploi, chômage, revenus du travail*, Insee, Dares, juin 2023.
8. Landour J., *Sociologie des Mompreneurs, op. cit.*
9. Engels F., *The Condition of the Working Classes*, 1845, cité par Bythell D., *The Sweated Trades : Outwork in Nineteenth Century*, St. Martin's Press, 1978, 10.
10. Jacquemet G., Gaillard J., *La Ville. 1852-1870*, Éditions Honoré Champion, 1977.
11. Long S., « Embauché par la mairie, un généraliste en solo explique son choix pour le salariat », *Le Quotidien du médecin*, 9 février 2019.
12. Civ. 2e , 13 déc. 2005, n° 04-18.104.
13. *Uber v Aslam* [2021] UKSC 5.
14. Site Internet d'Uber.
15. Soc. 15 déc. 2021, n° 20-81.775.
16. https://www.parliament.uk/globalassets/documents/commons-committees/work-and-pensions/Written_Evidence/Deliveroo-scooter-contract.pdf.

17. *Uber Technologies Inc. c. Heller*, 2020 CSC 16.
18. Accord Groupe Suez, 10 novembre 2020.

CHAPITRE 6

Le temps de l'émancipation

1. Portalis J.-E. M., *Discours préliminaire prononcé lors de la présentation du projet de Code civil*, 1801, consultable sur http://classiques.uqac.ca/collection_documents/portalis/discours_1er_code_civil/discours.html.
2. Bensamoun A., Loiseau G. (dir.), *Droit de l'intelligence artificielle*, LGDJ, 2019, p. 52 ; Sadin E., *L'Intelligence artificielle ou l'Enjeu du siècle. Anatomie d'un antihumanisme radical*, L'Échappée, 2018.
3. « Fired by bot at Amazon : "It's you against the machine" », www.bloomberg.com, 28 juin 2021.
4. Rolland S., « Salariés remplacés par une IA, Onclusive plonge la France dans le dur de la révolution ChatGPT », *LaTribune.fr,* 21 septembre 2023.
5. Gordon Krief D., « Il faut cesser de légiférer à tort et à travers », *Les Échos,* 25 juillet 2017.
6. Attali J. (dir.), *Pour un droit au service des mutations économiques et sociales fondamentales de notre société*, rapport Club des juristes, février 2022.
7. https://www.bfmtv.com/tech/intelligence-artificielle/intelligence-artificielle-emmanuel-macron-repete-que-la-reglementation-de-l-ue-ne-doit-pas-brider-l-innovation_AD-202311170591.html.
8. Sundararajan A., *The Sharing Economy : The End of Employment and The Rise of Crowd-Based Capitalism*, The MIT Press, 2016.
9. Bachelet M., « Interview », site Internet de l'ONU, 15 septembre 2021.
10. On entend par là le contrôle de conformité du droit français au droit européen et international.
11. Roman D., *La Cause des droits*, Dalloz, 2022.
12. C. trav., art. L. 4121-2.
13. Weiser B., Schweber N., « The ChatGPT lawyer explains himself », *The New York Times*, 8 juin 2023.
14. Sur cette question, voir Koenig G., *La Fin de l'individu*, Éditions de l'Observatoire, 2019.
15. CJUE 22 déc. 2022, C-392/21.

CHAPITRE 7

Les voies de l'autonomie

1. Enquête Harris Interactive, « Les jeunes et la prise en compte des enjeux environnementaux dans le monde du travail », 28 mars 2022.
2. 12e Baromètre de la perception des discriminations dans l'emploi, 2019.
3. Deux salariés se partagent un poste à temps plein en organisant entre eux le temps et la répartition du travail.
4. Accord qualité de vie au travail, Institut Gustave-Roussy, 28 décembre 2021.
5. Voir notamment les travaux de R. Karasek sur la *job decision latitude*, « Job demands, job decision latitude, and mental strain : Implications for job redesign », *Administrative Science Quarterly*, juin 1979, p. 285 ; voir aussi Coutrot T., « Changements organisationnels : la participation des salariés protège-t-elle du risque dépressif ? », *Dares Analyses*, 2017, n° 6.
6. Voir le rapport de Benhamou S., Lorenz E., *Les Organisations du travail apprenantes. Enjeux et défis pour la France*, France Stratégie, avril 2020.
7. Anact, *Espaces de discussion sur le travail*, guide, 2017, consultable sur https://www.anact.fr/mots-cles/espaces-de-discussion-sur-le-travail ; Heyer E., Lokiec P., Méda D., *Une autre voie est possible*, Flammarion, 2020.
8. Méda D., « La participation : de l'association à la cogestion. 150 ans de réflexions », *Revue de droit comparé du travail et de la sécurité sociale*, mars 2018, p. 14 et s.
9. « L'entreprise libérée, ce n'est pas que du bien-être », *Capital*, 1er avril 2021.
10. En ce sens, Coutrot T., *Libérer le travail. Pourquoi la gauche s'en moque et pourquoi ça doit changer*, Seuil, 2022, p. 131.
11. Pietralunga C., « Macron sur les terres de Jaurès pour parler à la gauche », *Le Monde*, 5 mai 2017.
12. Voir notamment Notat N., Senard J.-D., *L'Entreprise, « objet d'intérêt collectif »*, rapport au ministère de la Transition écologique et solidaire, ministère de la Justice, ministère de l'Économie et des Finances, ministère du Travail, 9 mars 2018, consultable sur https://www.vie-publique.fr/rapport/37199-lentreprise-objet-dinteret-collectif.
13. Cité par Clerc C., *Structure et diversité des modèles actuels de gouvernement d'entreprise*, rapport, OIT, 2019, p. 32.
14. Kraft K., Stank J., Dewenter R., « Co-determination and innovation », *Cambridge Journal of Economics*, 2011, 35 (1), p. 145 ; Ghirardello A., Seignour A., Vercher-Chaptal, C., « Les performances de la codétermination », Colloque au Collège des Bernardins, *Gouvernement de l'entreprise, création de commun*, mars 2018, halshs-02141400.

15. Notat N., Senard J.-D., *L'Entreprise, « objet d'intérêt collectif »*, *op. cit.*, p. 7.
16. Fitzroy F., Kraft K., « Co-determination, efficiency and productivity », *British Journal of Industrial Relations*, 2005, 43 (2), p. 233-247 ; Sippola M. *et al.*, « Local bargaining and codetermination : Finnish experience in comparative perspective », *European Journal of Industrial Relations*, 2012, 18 (1), p. 53.
17. Lin C., Schmid T., Xuan Y., « Employee representation and financial leverage », *Journal of Financial Economics*, 2018, 127 (2), p. 303.
18. Grund C., Schmitt A., « Works councils, wages and job satisfaction », *Applied Economics »*, 2011, 45 (3), p. 299.
19. Ghirardello A., Seignour A., Vercher-Chaptal C., « Les performances de la codétermination », art. cit.
20. Jirjahn U., « Gender, worker representation and the profitability of firms in Germany », *The European Journal of Comparative Economics*, 2011, 8 (2), p. 281.
21. Voir les études précitées. Jirjahn U., « Works councils and employer attitudes toward the incentive effects of HRM practices », *Research Papers in Economics*, 2016, n° 7.
22. Gorton G., Schmid F., « Capital, labor, and the firm : A study of German codetermination », *Journal of the European Economic Association*, 2004, 2 (5), p. 863.

CHAPITRE 8

Redonner du sens à l'entreprise

1. Coutrot T., Perez C., *Redonner du sens au travail, op. cit.*
2. Étude Harris Interactive pour le collectif Pour un réveil écologique, juin 2023.
3. 11e vague du Baromètre de la santé psychologique des salariés français, Empreinte humaine, mars 2023.
4. CA Paris, 24 mars 2021, n° 19/15565 ; CA Paris, 13 mars 2019, n° 17/21477.
5. COM(2001) 366.
6. C. civ., art. 1833.
7. Ost F., *Le Temps du droit*, Odile Jacob, 1999.
8. Avis sur le projet de loi PACTE, n° 394.599 et 395.021, 14 juin 2018.
9. C. com., art. L225-35.
10. Castanet V., *Les Fossoyeurs*, Fayard, 2022.
11. Voir en ce sens Anact, *10 questions sur les indicateurs de santé et qualité de vie au travail*, 2016.

12. Attali J. (dir.), *Pour un droit au service des mutations économiques et sociales fondamentales de notre société*, *op. cit.*
13. Étude Harris Interactive pour le collectif Pour un réveil écologique, juin 2023.
14. Deroyon J., *Les PME organisées en groupes*, Insee Références, 2016.

Table

DU MÊME AUTEUR
CHEZ ODILE JACOB

Il faut sauver le droit du travail !, 2015.

Cet ouvrage a été imprimé sur du papier
dont les fibres de bois proviennent
de forêts durablement gérées

Cet ouvrage a été transcodé et mis en pages
chez Nord Compo (Villeneuve-d'Ascq)

Cet ouvrage
a été achevé d'imprimer
sur les presses de la
Nouvelle Imprimerie Laballery
à Clamecy (58)
en septembre 2024

N° d'édition : 4150-1019-X – N° d'impression : 409208
Dépôt légal : octobre 2024

Imprimé en France